Ines Witka, Dirty Writing

AF577845

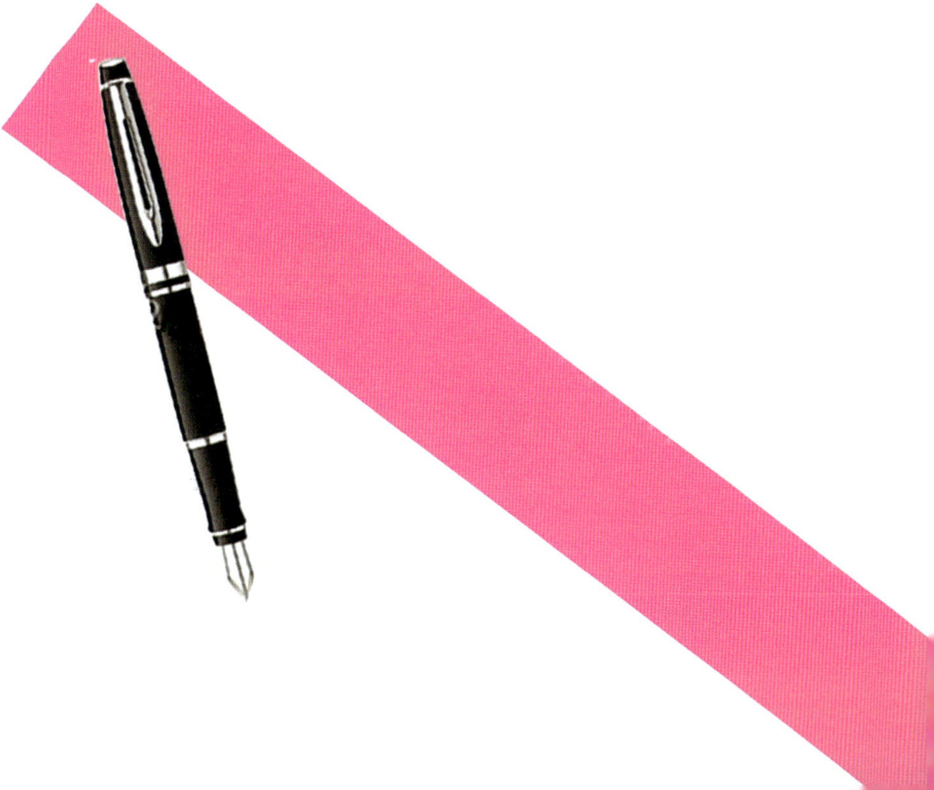

Ines Witka

Dirty Writing

Das Schreiben schamloser Texte
Ein Übungs- und Inspirationsbuch

konkursbuch
Verlag Claudia Gehrke

Inhalt

Von A bis Z

Es gibt kaum ein besseres Stimulans für die Erotik als eine gut erzählte Geschichte, die Beichte eines erotischen Traums oder Worte, die sich Liebende ins Ohr flüstern und die wie Liebkosungen den Körper, die Seele streicheln. Wäre dies nicht so, gäbe es nicht hunderte von gedruckten Seiten erotischer Literatur. In diesem Buch ist Platz für die eigene. Schreiben und experimentieren Sie mit, finden Sie den Mut, sexuelle Fantasien auszudrücken und, wenn Sie wünschen, auch auszuleben.

Die Motivation, über Erotik zu schreiben, kann sehr unterschiedlich sein: Es kann der Wunsch sein herauszufinden, was Lust für Sie bedeutet, was Sie möchten und wo Sie sich in Ihrer Entwicklung befinden. Es kann sein, dass Sie Ihre Fähigkeiten im Schreiben ausbauen und in diesem litararisch nicht einfach umzusetzenden Thema üben möchten. Es kann der Drang sein, Ihre wilden und aufregenden Fantasien beziehungsweise Erlebnisse zu teilen. Es kann aus der Notwendigkeit heraus sein, eine persönliche oder gesellschaftliche Befreiung zu dokumentieren. Es kann aus dem Bedürfnis heraus sein, dem Partner mitzuteilen, was Sie erleben möchten. Es kann sein, dass Sie lieber schreiben, was Sie nicht wagen auszusprechen. Selbst Menschen mit einer „gesunden" Einstellung gegenüber dem Sex tun sich schwer, mit dem Partner über sexuelle Wünsche zu sprechen. Steht ein Gespräch über

Intimes an, sind viele wenig mitteilsam. Die meisten fürchten die Reaktionen des anderen. Wenn man sich aber mitteilt, kann man die wunderbare Erfahrung machen, dass das Wissen um die sexuellen Wünsche des Partners die Intimität steigert. Mehr zu wissen, schwächt die erotische Spannung nicht, sondern löst Angst. Welche große Erleichterung ist es zu erfahren, dass man mit seinen Wünschen nicht allein da steht. Vor allem, wenn es sich dabei um Wünsche außerhalb der Norm handelt.

So fordere ich Sie auf, selbst auf Entdeckungsreise zu gehen und sich der Erotik in all ihrer Vielschichtigkeit zu nähern. Neugier und erregende Erfahrungen sind der Zündstoff sexueller Lust. Bringen Sie diese zum Brennen, indem Sie die Impulse dieses Buches nutzen. Viele Anregungen dienen dazu, neue Möglichkeiten im Liebesspiel zu entdecken. Ihre Fantasie wird beispielsweise durch Accessoires für lustbetonte Momente gekitzelt. Zum einen sind sie als Einladung gedacht, sich näher mit der Erotik selbst zu beschäftigen, zum anderen dienen sie als Schreibimpuls. Dabei werden Sie herausfinden, dass Sexualität und Kreativität miteinander verschmelzen. Es gibt eine positive Verbindung zwischen ihnen, sie befeuern sich gegenseitig. Nach gutem Sex ist alles pure Elektrizität. Die Experimentierfreude und Schöpferkraft nehmen zu.

Aber auch das Schreiben fördert die Kreativität. Warum also nicht beides zusammenbringen und als positives Wechselspiel nutzen? Aus Schreiben erwächst Leidenschaft. Die Lust am Schreiben weckt die leidenschaftliche Natur. So bezieht Schreiben den eigenen Körper, die eigene Lust immer mit ein. Gleichzeitig wird sich Ihr erotisches Fühlen mit dem Schreiben verändern. Das ist keine Magie; das Schreiben wird Sie freier und selbstbewusster machen. Nachdem Sie mit den Übungen aus diesem Buch gespielt haben, werden Sie nicht nur besser schreiben, sondern vielleicht auch intensiver lieben. Sie werden Wünsche kennenlernen, von denen Sie vorher nicht einmal geahnt haben, dass diese in Ihnen schlummern. Sie werden mehr Vielfalt zulassen und unbekümmerter mit Sex umgehen.

Ihr Kompass

Die Kapitelüberschriften spielen mit doppeldeutigen Begriffen, die aus einem klassischen Schreibspiel, dem *Abecedarium*, entstanden sind. Gleich in der ersten Übung werden Sie aufgefordert, Ihr eigenes zu verfassen. Die Reihenfolge der Kapitel spielt ansonsten keine Rolle. Lassen Sie sich beim Blättern inspirieren. Die Schreibübungen sind besonders gekennzeichnet. Wechselnde Aufforderungen wie

Entspann dich und schreibe los …

laden ein, den Stift in die Hand zu nehmen und zu schreiben. Passend zu den Wörtern des *Abecedariums* gibt es zahlreiche Übungen, um Ideen zu entwickeln und Zugang zu den eigenen Gefühlen zu finden. Gleichgültig wie schamlos, wie drastisch, wie unschuldig, wie romantisch Sie sich ausdrücken möchten: Nach der Lektüre finden Sie die richtigen Worte. Denn Ihre Texte verbessern sich mit Hilfe von Erzähltechniken und Übungen, die ich Ihnen anbiete. Die Anleitungen sind offen für Ihre eigenen Interpretationen. Zensieren Sie sich nicht, experimentieren Sie. Wie im Leben so im Schreiben.

Lust statt Frust

Es gibt in der darstellenden Kunst oder in der Literatur kaum noch Tabus, egal wie explizit die Werke sind. Mehr noch, Sex ist im öffentlichen Raum allgegenwärtig: im Film, in Liedtexten, in den Printmedien, im Konsum. Eine Flut an sexuell aufgeladenen Botschaften und Bildern stürzt täglich auf uns ein. Auf großformatigen Reklameflächen präsentieren sich halbnackte Models, um die Aufmerksamkeit für irgendein Produkt zu erhöhen. Sex facht einfach unsere Neugier an, gleichgültig, ob es sich dabei um Tipps für ein erfülltes Sexualleben, provozierende Sexskandale von Prominenten oder Werbung handelt. Immer wieder ertappen wir uns dabei, in

einer Zeitschrift doch als Erstes den Artikel über Sex aufzuschlagen. Ich werde das Gefühl nicht los, dass die Erotik verschwindet, je öffentlicher Nacktheit und Sex präsentiert werden. Diese Sex-Überflutung suggeriert, dass es keine Rätsel mehr zu lösen gibt. Aber das stimmt nicht, nach wie vor wohnt der Erotik ein großer Zauber inne, ein Rätsel, eine Kraft, die es zu entdecken lohnt.
Passiv konsumieren führt jedoch kaum zu einem interessanten und erfüllten Liebeserleben. Ganz im Gegenteil, die öffentliche Erotik und leicht zugängliche Pornografie beginnt die eigene Fantasiewelt zu beeinflussen. Was passiert, wenn ich, anstatt zu lesen, was andere tun, mir raten zu tun oder mich warnen zu tun, dem nachspüre, was mir Lust bereitet? Wenn ich mir meinen eigenen inneren Raum zurückerobere? Wenn ich meine Sinnlichkeit heraufbeschwöre, sie mit all den Vorbildern aus gelesenen Texten und Gesehenem mische, ist meiner Erfahrung nach plötzlich das Prickeln zurück. Die eigene Erotik zu entdecken und zu offenbaren ist aufregend, denn es gibt kaum etwas Persönlicheres und Intimeres als die Sexualität. Teile ich diese mit, weihe ich den anderen in mein Geheimnis ein.
Dieses Vergnügen wird Ihnen hier geschenkt. Probieren Sie es aus.

ABC…

Du bist dran …

Schreiben Sie auf ein großes Blatt Papier die Buchstaben des Alphabets untereinander oder nutzen Sie die Seite in diesem Buch. Sammeln Sie zu jedem Buchstaben Stichwörter, die Sie mit Erotik und Verführung, Lust und Pornografie verbinden – fertig ist ein *Abecedarium*.
Diese klassische Schreibübung regt die Kreativität an und war schon in der Antike bekannt. Die Wortsammlung dient dazu, aus dem Gefängnis der immer wieder verwendeten und (zu) oft wiederholten

Wörter auszubrechen oder um zu einem Thema von A bis Z alles zu sagen. Von A-wie-Aphrodisiakum bis Z-wie-Zärtlichkeit. Es ist nicht wichtig, zu jedem Buchstaben ein Wort zu finden, das Alphabet dient als Anregung für neue Gedanken.
Mit so einem *Abecedarium* lässt sich später noch einiges anstellen, und ich komme auf meines immer wieder zurück. Zum einen, weil es der Leitfaden für die Kapitel des Buches ist, zum anderen lassen sich die gefundenen Wörter für das freie Assoziieren und andere Ideen verwenden.
Schreiben Sie Assoziationen auf, bei denen Sie eine Gänsehaut bekommen.

A
B
C
D
E
F
G
H
I
J
K
L
M
N
O
P
Q
R
S
T
U
V
W
X
Y
Z

Agent Provokateur Aphrodisiakum Affäre
Bettgeflüster Burlesque Bizarr Blümchensex
Christmas Chili Champagner Cookies
Dirty Talk Domina Dessous Eros Erregung
Fremd gehen Fetisch Friseur Fesseln Flirten
Geheimnis Gedicht High Heels
Hotel Humor Harem Idole Intimität Insel
Jesus Julia Ja Jungfrau Kandaules Kunst
Kamera Küssen Lippen Ladykiller Lust
Magie Masturbation Masken Nackt Nonnen
Orgasmus One-Night-Stand Popeye Pink
Porno Queve Qual Qualle Romantik Radfahren
Rendevous Spiel SM Scham Schaukel
Tabu Tango Untendrunter Unerwartetes
Vögeln Voyeurismus Venus Wundermittel
Weibsbilder X-Y-Chromosom Zärtlichkeit Zeit

Aphrodisiaka, Reizmittel für die Sinne

Was haben das Luxusdessous-Label *Agent Provokateur* und Aphrodisiaka außer dem A gemeinsam? Sie machen auf ihre einzigartige Weise glücklich. In der Kombination sind sie unschlagbar. Geheimnisvolle Mittel, erregende Tränke und zauberische Rituale sind Erotik pur.

Aphrodite, die Göttin der Liebe, war bei den Griechen für die Ingredienzien und Rezepturen zur Erlangung und Erhaltung der Lust zuständig. Aus der Antike sind auch Schreibspiele und Techniken überliefert, um Kreativität anzuregen und zu erhalten. Sie bezeichne ich als das Aphrodisiakum des Schreibens. Es gibt unzählige Möglichkeiten, um sich in eine kreative Stimmung zu versetzen. Eine davon ist, sich mit Kleinigkeiten in eine erotische Welt zu träumen. Ziehen Sie zum Schreiben das an, was Ihnen als besonders sexy erscheint, seien es elegante Strümpfe, sinnlich-sündig-schöne Wäsche oder ein eleganter Hosenanzug. Gehen Sie auf High Heels oder in anderen von Ihnen erotisch besetzten Schuhen. Vielleicht sind sie schlicht, aus weichem schwarzem Leder und fest geschnürt. Fragen Sie sich, was Ihre Heldin für besondere Nächte anziehen könnte, und tragen Sie es selbst. Tragen Sie einen roten Lippenstift auf oder verwandeln Sie sich mit einem eleganten Hemd und Anzug in einen dekadenten Gentleman. Diese Übung ist an

kein Geschlecht gebunden, umgeben Sie sich mit weiblichen oder männlichen Accessoires, die Ihnen einen optischen Genuss bereiten, und schon sind Sie in der richtigen Laune. Nichts ist inspirierender, als sich mit dem zu umgeben, was das Liebesverlangen anregt.
Eine andere Variante ist es, sich in eine besondere Situation zu begeben, zum Beispiel mit einem Besuch in einem der aufregenden Luxus-Erotik-Shops, die es mittlerweise in vielen Städten gibt. Schlendern Sie darin herum, spüren Sie die sinnliche Atmosphäre, beobachten Sie Frauen und Männer, wie sie Augenbinden, Design-Sex-Toys oder Dessous auswählen. Vielleicht entdecken Sie dabei auch gleich ein Reizmittel für Ihr eigenes Liebesleben?
Falls Sie keine Gelegenheit für einen persönlichen Besuch haben, schauen Sie bei *Agent Provocateur,*[1] *Lola Luna*[2] oder *Sexclusivitäten*[3] im Internet vorbei.
Wagen Sie einen Versuch, finden Sie Ihr Aphrodisiakum. Setzen Sie sich direkt danach zum Schreiben nieder.
Und dann nutzen Sie das Geschriebene wiederum, um es als Aphrodisiakum für das Liebesspiel einzusetzen. Es gibt kaum etwas Anregenderes als die Fantasien des Partners oder der Partnerin und meine eigene Vorstellungskraft.

Entspann dich und schreibe los …

Bettgeflüster

Es gibt Geschichten, die man einmal gehört hat und nicht mehr vergisst. Woran liegt das? Wenn ich etwas erzähle, übertreibe ich, lasse mich vorteilhafter erscheinen oder gewiefter handeln, als ich es tatsächlich getan habe oder hätte. Um mit meiner Geschichte zu unterhalten, erfinde ich etwas hinzu, frei nach dem Motto: Nichts ist so schlimm, wie es sein könnte. Es ist unwichtig, ob es sich so zugetragen hat, ob die Geschichte ein Tatsachenbericht oder frei erfunden ist. Betrachten Sie das Geschichtenerzählen als Trainingsplatz des Schreibens. Sie finden dabei heraus, was die Menschen interessiert oder was sie langweilt.

Mein Tipp: Nähern Sie sich dem erotischen Schreiben, indem Sie zuerst über eine Begebenheit erzählen, von der Sie gehört haben. Der Einstieg darüber ist leichter, als mit der eigenen Fantasie oder dem eigenen Erlebten zu beginnen. Sicher hat Ihnen Ihre beste Freundin schon einmal – unter dem Siegel der Verschwiegenheit – von einem tollen oder missglückten Erlebnis mit einem Mann oder einer Frau erzählt. Diese Übung kann auch direkt im Bett umgesetzt werden. Haben Sie schon einmal ausprobiert, Ihrem Partner oder Ihrer Partnerin eine Fantasie zu erzählen? Dabei können Sie die direkte Reaktion gleich körperlich mitfühlen.

Schreib so, als würdest du erzählen …

Fangen Sie am besten mit dem Satz an: Eine Freundin/Ein Freund hat mir erzählt: „Stell dir vor, …"

Stell dir vor, als ich mit Christian satt und leicht berauscht vom Sekt auf der Decke in der Wiese lag, ich hatte ihn zu einem Picknick aufs Land entführt, über uns der blaue wolkenlose Himmel, um uns herum hohes Gras, kam mir der Gedanke, wie schön es wäre, hier und jetzt, du weißt schon. Das Geräusch des Reißverschlusses seiner Hose mischte sich mit dem Zirpen der Grillen, und ich versprach ihm, dass er gleich die Engel singen hören würde. Dabei beugte ich mich über seine Flöte, um sie zu spielen, nahm schon Christians feinen Geruch der Lust wahr, als ich eine Stimme rufen hörte: „Sie, hey Sie!"
Erschrocken fuhr ich hoch. Geblendet von der Sonne sah ich niemanden. Erst als ich meine Hand schützend über die Augen legte, entdeckte ich einen Bauern, der mit den Armen rudernd auf uns zustapfte. „Mein Traktor isch kaputt, Sie habet bestimmt a Handy dabei." Schon stand er auf der Decke, schaute zwar kurz irritiert auf die Reste unseres Picknicks, wich aber nicht. Er zeigte auf Christians Jackett, das der sich über den offenen Reißverschluss gelegt hatte und das sich dort beulte. „Ko i mol telefoniere?"
Christian atmete tief ein, rührte sich aber nicht.
„Isch älles in Ordnong?"
„Ja", mischte ich mich ein, „es ist nur so, dass wir kein Handy dabeihaben, wir wollten einfach entspannen, ganz ohne."
„So ä Städterlandromantikding."
„Ja, genau."
Der Bauer kratzte sich am Kopf, drehte sich um und ging in Richtung Landstraße davon. Ich ließ mich in Christians Arm sinken, rieb meine Nase an seinem Hals, kitzelte ihn mit meinen Haaren und gab ihm einen Kuss. Aber er starrte während jeder Berührung nur mit aufgerissen Augen zwischen das Grün der Halme. Er versuchte, gleichzeitig wachsam und bei mir zu sein. Der Augenblick ist vorbei, dachte ich resigniert, und ohne dass ich es ausgesprochen hatte, nickte er.

Burlesque – erwartungsvolle Spannung

Burlesktänzerin Bana Banana © Ma Aini

Burlesque-Tänzerinnen der heutigen Generation spielen in ihrem erotischen Tanz mit Verführung, Andeutungen und der Verzögerung. Sie halten die Zuschauer mit schrägem Humor und ausgefallenen Kostümen so lange wie möglich unter Spannung. Ungeduldig und voller Erregung warten die Zuschauer darauf, welches Kleidungsstück als Nächstes fallen wird – und vor allem wie.
Wie die Tänzerinnen einen Handschuh ausziehen oder einen Strumpf herabrollen, ist aufregender als die nackte Haut, die darunter zum Vorschein kommt. Im Verbergen und in den Momenten des Entblätterns erzählen sie mehr, als wenn sie alles zeigen würden. Dita Von Teese ist die bekannteste Vertreterin dieses Stils, und soweit ich weiß, hat sie sich auf der Bühne noch nie vollständig entkleidet. Ein paar Federn, Minitangas, Nipple-Tassels oder anderer Schmuck setzen Akzente, lenken Blicke und bedecken.
Beim Striptease hingegen steht das Fallen der letzten Hüllen und damit letztendlich die sexuelle Stimulation im Vordergrund. Auch entsprechen die Körper dem gängigen Schönheitsideal, während es den Burlesque-Tänzerinnen um eine unverwechselbare Identität, um Ironie und das Akzeptieren des eigenen Körpers geht. Es gibt also erstaunliche Parallelen zwischen Burlesque und Striptease einerseits sowie erotischen und pornografischen Texten andererseits.

Mit welchen Mitteln ich Spannung erzeugen kann und meinen Leser so lange wie möglich in quälender Ungeduld warten lasse, beschreibt Sol Stein, Herausgeber, Schriftsteller und Lehrer für *Creative Writing*, in seinem Werk *Über das Schreiben*. Besonders geeignet für den Spannungsaufbau sind die die latente Gefahr oder die unerwünschte Konfrontation.
Übertragen auf die erotische Situation könnte eine mögliche Gefahr für die handelnden Figuren die Sexualität selbst sein, schließlich ist Sex nicht beherrschbar. Die Situation kann entgleiten, körperliche und psychische Grenzen können überschritten werden. Wenn eine der Figuren in einen Flow gerät, sich selbst und alles um sich herum vergisst, was geschieht dann? Aber die Gefahr kann auch eine nahende Naturkatastrophe, eine gefährliche Umgebung, ein politisches System, ein einzelner Paragraf des Bürgerlichen Gesetzbuches, eine durch Sex übertragbare Krankheit, eine Schwangerschaft und vieles mehr sein. Eine unerwünschte Konfrontation kann es mit einem betrogenen Partner, den Eltern geben, aber auch mit einer Perversion oder Moralvorstellung.
Unabhängig davon, welche Variante Sie wählen: Die Spannung, die Sie erzeugen, sollten Sie so spät wie möglich auflösen.

Bizarre Gedanken – Wer kann sie mir verbieten?

Beim Schreiben und beim Sex schleppen wir eine Menge Dos und Don'ts mit uns herum, und wir sollten uns die Frage stellen, woher sie eigentlich kommen. Fangen Sie am besten bei Ihren Eltern an. Klingt bizarr, im Zusammenhang mit Erotik über die Einstellung der Eltern zur Sexualität befragt zu werden. Sex und Eltern gehen gar nicht zusammen. Dennoch, die Einstellungen unserer Eltern prägen uns, ob wir uns dessen bewusst sind oder nicht.
Ich stelle mir ausdrücklich die Frage, woher ich komme, um mir die eigene Einstellung zur Erotik bewusst zu machen. Diese Frage halte ich aus meiner persönlichen Erfahrung für sehr wichtig. Auch oder gerade um erotisch zu schreiben, sollte sich jeder fragen, was einen davon abhält, über das zu schreiben, was in einem brennt. Sonst bin

ich beim Ausprobieren, was mir Spaß macht oder beim Schreiben meiner erotischen Fantasien nervös und zensiere mich selbst, weil ich mir ständig überlege, was wohl meine Eltern dazu sagen würden. Für meine Eltern war Erotik ein Tabuthema. Meine Aufklärung hat stattdessen die BRAVO übernommen. Wie man ein Kondom benutzt, ließ ich mir von meinen Freundinnen erklären. Ich hingegen habe, als aus meinen Kindern Jugendliche wurden, mit ihnen geübt, Präservative über eine Banane zu ziehen.

Zumindest in der Öffentlichkeit scheint es keine Tabus mehr zu geben. Charlotte Roche plaudert öffentlich darüber, dass Analsex geil sei und Pornos gucken antörne. Jutta Ditfurth erklärt in einer Talkshow, dass man nicht verheiratet sein müsse, damit Sex Spaß mache, und überhaupt sei es einfach schön.

Aber wenn ich selbst erotische Wünsche entwickle oder Szenen entwerfe, stoße ich in meinem Kopf auf meine eigenen Tabus, die meiner Eltern und oft auch auf die meiner diversen Partner. Sie, und natürlich mein kultureller Hintergrund, prägen meine Vorstellung von dem, was erlaubt ist und was nicht.

Um diesen inneren Zensor auszuschalten, stelle ich Ihnen das Clustern (to cluster = gruppieren, sich anhäufen, zusammenballen) vor. Es handelt sich dabei um eine Schreibtechnik, die von Gabriele L. Rico entwickelt wurde. In ihrem Buch *Garantiert Schreiben lernen* zeigt sie, wie die sprachliche Kreativität durch das Clustern methodisch entwickelt werden kann. Sie belegt das anhand von Ergebnissen der Hirnforschung: „1. Das Großhirn besteht aus zwei Hälften und jede dieser beiden Hemisphären kann unabhängig von der anderen arbeiten. 2. Jede Hemisphäre verarbeitet identische Informationen auf unterschiedliche Weise. Wer schöpferisch arbeitet – vor allem, wenn er schreibt –, muss sich die speziellen Funktionen *beider* Gehirnhälften in geeigneter Weise nutzbar machen."

Um schneller ins literarische und kreative Schreiben zu kommen, ist es also von Vorteil, die rechte Gehirnhälfte stärker einzubeziehen und so das Bildhafte, Kreative zu stärken. Clustern hilft beim Sammeln und Verknüpfen von Ideen genauso wie beim Ausschalten des kritischen Verstandes und bei der Vermeidung von Denkblockaden. Haben Sie diese Technik erst einmal etabliert, ist sie beinahe unbegrenzt nutzbar: für die Personenfindung, die Erfindung des Ortes, des Konfliktes und des übrigen Repertoires. Das Clustern kann bei jeder Fragestellung unterstützen und wird hier noch einige Male zur Anwendung kommen.

Freies Assoziieren erwünscht …

Nehmen Sie ein großes Blatt Papier oder die Seite im Buch, schreiben Sie in die Mitte des Blattes als Kernwort *Tabu*, wahlweise *Angst*. Umkreisen Sie es. Schreiben Sie den nächsten Begriff, der Ihnen dazu einfällt, umkreisen Sie ihn und verbinden ihn mit dem Kernwort. Jeder weitere assoziierte Begriff wird wieder umkreist und entweder mit dem Kernwort oder einem anderen Kreis verbunden. Der Verbindungsstrich wird dorthin gezogen, wo er Ihrer Meinung nach spontan passt. Sämtliche Einfälle sind erlaubt.

Sie werden wahrscheinlich feststellen, dass die Abwertung durch andere eine größere Rolle spielt, als Sie dachten. Aber ich denke, es ist noch etwas anderes, was Sie entdecken könnten: Sie schreiben über Ihre Obsessionen, über Ihr Lebensthema. Das aus sich herauszuschreiben, erfordert Mut. Dieses Instrument des Clusterns ist geeignet, sich über die eigene Motivation und Ängste klar zu werden. Betrachten Sie das Ergebnis, mit dem Sie sich dem inneren Zensor genähert haben. Versuchen Sie, sich ab sofort die Freiheit zu geben, bei der Erotik und natürlich beim Schreiben nicht mehr an Ihre Familie oder andere Tabugeber zu denken.

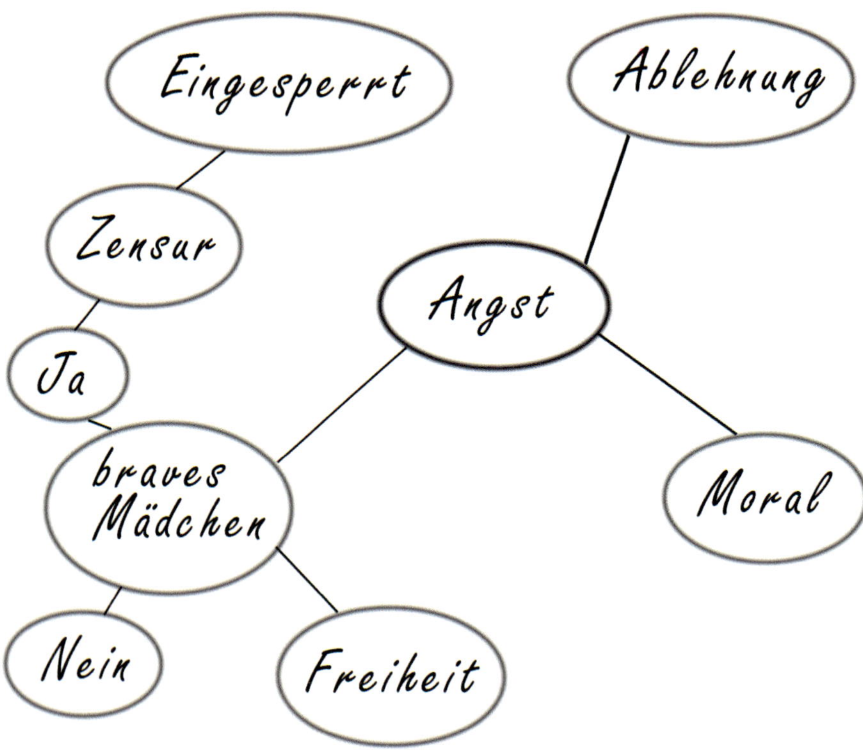

Blümchen(sex) und andere Naturbeschreibungen

Dante Gabriel Rossetti
Ausschnitt: Proserpine, 1874

Bebende Staubgefäße, gereckte Stempel, Pflanzen in provozierenden Posen betören durch ihren Exhibitionismus: Sie verstecken, anders als Menschen und in gewissem Maße auch Tiere, ihre Geschlechtsorgane nicht, sondern stellen ihre prachtvollen, duftenden Blüten zur Schau. Blumendüfte erregen uns, weil ihr Duft uns an Fruchtbarkeit und Lebenskraft erinnert. Kein Wunder, dass sie immer wieder als Metaphern für die Sexualität des Menschen genutzt werden. Auf dem Gemälde *Proserpine* von Dante Gabriel Rossetti zum Beispiel findet sich ein aufgeschnittener Granatapfel als künstlerische Entsprechung einer Vulva.
Die Künstlerin Georgia O'Keeffe begann Anfang der 1920er Jahre ihre berühmten Blumen zu malen, die häufig als Vulva und Vagina interpretiert wurden. Es hieß, sie stelle damit Aspekte der weiblichen Sexualität dar, die noch keine Frau zu enthüllen gewagt habe.
Auch die Orchidee wirkt in ihrer Offenheit weiblich, der Frauenschuh gilt gar als Sinnbild für die Vagina und wird auch als Venusschuh bezeichnet. In China gilt die Orchidee als Symbol für ein junges Mädchen. Die Anthurie hingegen, aggressiv, kraftstrotzend und draufgängerisch, ist dem Männlichen zugeordnet, ebenso der Baum. Über die Wahl und Zusammenstellung von Blumen wurden im Orient Botschaften übermittelt. Über diese Blumensprache be-

richtete Lady Mary Wortley Montag in ihren Briefen aus dem Orient. So wurde die Selamik[4] im 18. Jahrhundert in Europa bekannt. Doch nicht nur Pflanzen dienen als Metaphern für Sex, Liebe und Begehren, sondern ebenso Tiere. In der Natur wird ein Partner mit Gesang, Farben, Düften oder Lichtsignalen angelockt. Beim Akt selbst sind der Fantasie kaum Grenzen gesetzt, von der keuschen Jungfernzeugung bis hin zu experimentellen Formen zeigt sich die Natur sehr erfinderisch.

Sicher haben Pflanzen und Tiere keinen Sex, wie wir ihn kennen, denn zur reinen Vermehrung kann gut darauf verzichtet werden, aber gerade in der poetischen Sprache werden daraus Metaphern gebildet, um unsere Geschlechtsteile zu benennen oder die sexuelle Vereinigung zu beschreiben. Manchmal werden die Analogien einfach auch nur aufgrund der Form oder des Geschmacks gewählt. Die Form der Auster erinnert an eine geschwollene Vulva, ebenso ihr leicht salziger Meerwassergeschmack.

Hier eine kleine Auswahl, zusammengesucht aus den verschiedensten Quellen: Im *Hohelied Salomos*[5] aus dem Alten Testament ist die Rede von den Brüsten, „die wie zwei Kitze der Gazelle in den Lilien weiden." Eine andere Stelle lautet: „Ein Lustgarten sprosst aus dir, Granatbäume mit köstlichen Früchten, Hennadolden, Nardenblüten, Narde, Krokus, Gewürzrohr und Zimt, alle Weihrauchbäume, Myrrhe und Aloe, allerbester Balsam." Über den Geliebten wird gesagt, dass seine Frucht süß am Gaumen schmecke.

Georgia O'Keeffe

Der Garten dient oft als Bild für den Schoß der Frau, der Früchte trägt, verschlossen ist oder in dem sich süße Früchte ernten lassen. Dieser Metapher folgend erscheint der Liebhaber häufig als Gärtner und der Penis als Apfelbaum.
Im Mittelalter dient das Reiten als metaphorische Umschreibung des Geschlechtsaktes, ebenso wie der Schlüssel im Schloss und Variationen von Schwert und Scheide. Auch bekannt ist die Schlange, die ins Erdloch fährt oder sich wie der Penis im Liebesspiel aufrichtet.
Ebenso wird im 19. Jahrhundert über das sexuelle Begehren bildlich geschrieben. Die Sinnlichkeit der Natur wird heraufbeschworen, es wird das „Wandern" beschrieben, das „Anschwellen der Musik". „Wertvolle Schachteln" werden geöffnet und „Schätze verborgen". Die Metaphern tauchen hauptsächlich in den viktorianischen „Empfindungsromanen" und den „französischen" Romanen auf, die als sehr erregend galten.
In der orientalischen Literatur wird der Körper nach wie vor poetisch verschleiert. Es finden sich dort Beschreibungen wie der Honigmund oder die Lippen des Honigs anstelle der Bezeichnung Schamlippen. Wenn von kleinen festen Brüsten, die in eine Hand passen, die Rede sein soll, werden Granatäpfel beschrieben. Der Schoß ist das Feld, der Acker oder der Sumpf, die Quelle, die Spalte, das Meer oder das Himmelsschiff. In dem Roman *Eine iranische Liebesgeschichte zensieren* erzählt Sahriar Mandanipur davon, dass statt geküsst und gestreichelt eben Süßigkeiten und Konfekt geschleckt wird. Und der Satz: *Die Hindin ihren Löwen sanft umschlang, bis dass der Löwe seinen Sieg errang* beschreibt eine Liebesszene, an der sich die Frau aktiv beteiligt. *Schatzkästlein prüft er nun bis auf den Grund, Rubin erbrach achatnes Siegelrund* bedeutet, dass die Frau gerade ihre Jungfräulichkeit verliert.
Durch das große Interesse an fernöstlichen Liebestechniken hört und liest man auch bei uns als Bezeichnung für das weibliche Geschlecht den Begriff Yoni (Sanskrit urspr: Ursprung, steht für Vulva, Vagina). Im Hinduismus ist sie ein Symbol für die göttliche, schöpferische Energie. In künstlerischen Darstellungen wird sie oft in Vereinigung mit dem männlichen Geschlechtsteil, dem Lingam, dargestellt. Be-

kannt sind die Skulpturen in indischen Tempeldarstellungen, auch Skulpturen, in denen sich Yoni und Yoni vereinigen.
Ob man sich für Begriffe aus anderen Kulturen öffnet und wie blumig oder direkt man die Worte wählen sollte, ist abhängig von der Figur, die Sie zum Leben erwecken wollen, denn deren Sprache muss Herkunft, Charakter und die Einstellung zur Sexualität widerspiegeln. Dieses Thema wird beim *Dirty Talk* vertieft.

Freies Assoziieren erwünscht …

Welche Früchte, Pflanzen und Tiere haben in Ihren Augen etwas Erotisches? Welche Metaphern und Synonyme finden Sie gelungen?

Legen Sie Karteikarten mit Begriffen an, die Ihnen einfallen, die Sie hören oder lesen. Versuchen Sie, diese einem Charakter zuzuordnen.

Bad Sex in Fiction Award für renommierte Autoren

Gute erotische Beschreibungen sind schwer, auch renommierten Schriftstellern gelingen sie nicht immer. Englischsprachige Autoren erhalten schon mal den *Bad Sex in Fiction Award*, der seit 1993 von der Literaturzeitschrift *Literary Review*[6] für schlechten fiktiven Sex vergeben wird. Damit soll die Aufmerksamkeit auf „krude, geschmacklose, oft oberflächlich gebrauchte, redundante Passagen von sexuellen Beschreibungen in zeitgenössischen Romanen" gelenkt werden, „um davor abzuschrecken." Dieses Zitat des ehemaligen Chefredakteurs Auberon Waugh und Preisträger ab 1993 finden Sie auf Wikipedia.[7]

2006 wurde der Preis an Iain Hollingshead für Sexpassagen in *Twenty Something* verliehen: „Und dann bin ich in ihr, und alles ist strahlend weiß, und wir verlieren uns in einem Aufruhr von Grunzen und Quieken, unzusammenhängende Bilder blitzen auf, Explosionen von Millionen kleiner Partikel."

2007 bekam ihn (posthum) der Amerikaner Norman Mailer. In seinem Roman *Das Schloss im Wald* bezeichnete er den Penis als „stoßenden Kolben".

2008 war die Preisträgerin Rachel Johnson, unter anderem für diese Passage aus ihrem Roman *Shire Hell*: „JMs Hände streicheln meine Brüste, jetzt, und ich darf seine Küsse erwidern, aber nur für einen Augenblick, da er mich unterbricht, um jeder Brust die Aufmerksamkeit zu schenken, die ihr gebührt. Und während er mit seinem Mund knabbert und zieht, finden seine Hände meinen Busch, und mit leichten Fingern flattert er dort umher, als sei er eine Motte, die in einem Lampenschirm gefangen ist."

2009 wurde Jonathan Littell für sein Buch *Die Wohlgesinnten* (*The Kindly Ones*) ausgezeichnet. Sätze wie „Ich kam plötzlich. Es war ein Stoß, als ob jemand das Innere meines Kopfes mit einem Löffel auskratzen würde wie ein weichgekochtes Ei" gaben den Ausschlag.

2010 bekam den Award Rowan Somerville, unter anderem für den Satz: „Wie ein Lepidopterologe (Schmetterlingsforscher), der ein harthäutiges Insekt mit einer zu stumpfen Nadel aufspießt, schraubte er sich in sie."

Dem US-Schriftsteller David Guterson wurde 2011 der Preis für *Ed King*, einer Ödipus-Geschichte, verliehen. Unter anderem warf ihm die Jury die Verwendung von sexuellen Metaphern wie „Familienjuwelen" und „Hintertür" vor.
2012 hat die heikle Auszeichnung die 60-jährige, vielfach ausgezeichnete kanadisch-französische Schriftstellerin Nancy Huston für ihren Roman *Infrared* erhalten. Unter den Preisträgern war sie erst die dritte Frau. 2013 bekam ihn wieder ein Mann: Manil Suri beschrieb in *The City of Devi* einen Dreier, den die Jury entsetzlich und damit preiswürdig fand.
2014 wird der nigerianische Autor Nen Okri ausgezeichnet.
Ich persönlich fände es natürlich toll, diesen Preis zu erhalten, denn es bekommen ihn namhafte Autoren, für Romane, die oft mit anderen Preisen, wie dem renommierten Booker Preis, ausgezeichnet sind und nur die Sexszenen als nicht gelungen gelten. Somit ist es eine Anerkennung, auf der Shortlist aufgeführt zu sein und neben so namhaften Autoren wie dem Japaner Haruki Murakami oder Richard Flanagan zu stehen.

Cookies und Cupcakes – vom Göttlichen zum Profanen

Wagen Sie ein lustvolles Backexperiment, dessen Ergebnis verführerisch und süß ist. Tauchen Sie die Hände in Mehl, fühlen Sie, wie weich es ist. Schlagen Sie ein Ei darauf. Streifen Sie mit den Fingern durch, achten Sie auf das Ei, das aufgrund seiner schlüpfrigen Konsistenz zu entwischen droht. Kneten Sie es mit Mehl und Butter zusammen. Lassen Sie den Zucker dazu rieseln, Ihr Tastsinn spürt seine Körnigkeit, die im Kontrast zur Weichheit des Mehls steht. Den fertigen Teig zu kneten, ist so angenehm wie eine Massage. Kommt noch die Sinneslust des Auges hinzu, zum Beispiel durch Ausstechformen, die an Liebesstellungen aus dem Kamasutra erinnern, ist es doch eine Lust, Kekse zu backen.

Die *Chaos Bakery* formt aus rosa Marzipan und Zuckerperlen die Vulva und verziert damit Cup Cakes. In einem kleinen Filmbeitrag[8] zeigen sie, wie einfach es ist.
Cake heißt Kuchen, ist aber auch ein Slang-Ausdruck für Vagina. Bei keinem bleibt der Anblick der liebevoll dekorierten Kuchen ohne Reaktion, die von Freude bis Scham reicht. Denn wir sind es nicht gewohnt, das Geschlecht der Frau zu sehen. Es liegt gut behütet zwischen den Schenkeln und im Inneren des Körpers verborgen. Meist halten Frauen ihre Beine zusammen, um es noch besser zu schützen. Nur wenn sie einen Spiegel zur Hand nehmen, sehen sie die äußeren Geschlechtsteile. Doch egal, wen man fragt, anonym im Internet oder bei Freundinnen, viele scheinen dies selten zu wagen. Meist kennen sie weder ihre eigenen Formen noch die anderer Frauen, und das trotz der Mode der Rasur. Diese Kuchen zeigen, dass es eine fröhliche Vielfalt gibt, an der nichts auszusetzen ist, und dass Vulven nichts Anstößiges haben. Dabei ist mir bewusst, wie schmal der Pfad zwischen Ablehnung und Begeisterung ist. Die Darstellung weiblicher Geschlechtsteile polarisiert stark.
Als im Zuge der Emanzipation die ersten Vulvenfotos veröffentlicht wurden, schwankte ich zwischen ungläubigem Staunen, innerer Abwehr und Freude hin und her. Ende der 1970er Jahre deckte Judy Chicago einen dreieckigen Tisch, mit neununddreißig Gedecken für mythische und reale Frauen der Geschichte. Mit dieser *Dinner Party* ehrt Chicago die weibliche Leistung auf vielfältige Art und

Weise und auch das weibliche Geschlechtsteil. Zu jedem Gedeck gehört ein Porzellanteller, der entweder eine bemalte flache oder eine dreidimensionale Vulva als Symbol für Kraft und Vitalität darstellt. Das Dreieck des Tisches ist die archetypische vulvische Form. Bei einem Besuch in einer New Yorker Kunstbuchhandlung, wo ich einen Katalog über Judy Chicagos *Dinner Party* kaufen wollte, schaute der Verkäufer mich entgeistert an und verkündete mit Empörung in der Stimme, dass sie so einen Dreck nicht führen würden. Als ich die Ausstellung Ende der 1980er Jahre in Frankfurt in der Schirn-Kunsthalle besuchen konnte, herrschte indes andächtiges Schweigen. Die Besucher, hauptsächlich Frauen, standen Schlange und würdigten jedes einzelne Gedeck. Seit 2007 ist das Kunstwerk im *Brooklyn Museum*[9] in New York City ausgestellt.
Jamie McCartney arbeitete mehr als fünf Jahre an seinem Kunstwerk *The great wall of Vagina*[10], ungefähr von 2007 – 2012. In dieser Zeit hat er von über 400 Frauen Gipsabdrücke ihres Geschlechts gemacht. Die Frauen waren zwischen 18 und 76, Mutter und Tochter, Zwillinge, transgender Männer, Frauen vor und nach der Geburt und eine Frau vor und nach der Schamlippenoperation. Die Gipsabdrücke fügte er in zehn großen Paneelen zu einer monumentalen Wandskulptur von neun Metern zusammen.
Sein Ziel war zu zeigen, wie normale Frauen aussehen, ihnen die Angst zu nehmen hinzusehen, und auch, auf den besorgniserregenden Trend der kosmetischen Lippenoperation hinzuweisen und dazu beizusteuern, ihn zu stoppen. Es gibt keine perfekte Vulva, sondern Vielfalt. Vulvas und Schamlippen sind so unterschiedlich wie Gesichter.
Die chinesische Fotografin Chin-Chin Wu fotografierte Vulven von 50 Frauen aus verschiedenen Ländern und Kontinenten immer aus der gleichen Perspektive und veröffentlichte diese Bilder in einem edel gestalteten Fotoband zusammen mit Texten der Porträtierten über ihr Verhältnis zu ihrer Vagina.
„In der abendländischen Kunst wurde das ‚Geheimnis' Frau inszeniert. Von Bronzino und Ingres zu Balthus: Es fehlt der Schlitz, die Vulva, die Lippen, sie war auch nicht unter Haaren versteckt, sondern dort war gemalte Haut und sonst nichts. Noch bis in die

1990er Jahre gab es den unscharfen Fleck auch auf Fotos in ‚Herrenmagazinen', denn wenn ‚da unten' was erkennbar war, wäre es damals Pornografie gewesen. Die dummen Posen und Gesichtsausdrücke auf vielen dieser Fotos sind eine Kastration der weiblichen Intelligenz, die Retusche des Geschlechts eine Kastration ihrer Lust. Wo nichts zu sehen ist, ist auch nichts. Psychoanalytikerinnen berichteten von Problemen, die Frauen hatten, weil sie ihr Geschlecht nicht positiv besetzen konnten. Noch in den 1980er-Jahren war auch in Kinder-Aufklärungsbüchern das weibliche Geschlecht unsichtbar, das zeigte sich etwa in folgender Formulierung: ‚Wenn Mami und Papi Lust aufeinander haben, wird der Penis von Papi groß und dringt in Mami ein.' Was bei ‚Mami' dazugehört, stand dort nicht …", schrieb Claudia Gehrke in ihrem 1984 zuerst erschienenen und dann in mehreren Zeitschriften erweitert nachgedruckten Text *Plädoyer für scharfe Schamlippen* (zuletzt in *Erotische Kulturen von Frauen*, 2012).

Bei Männern ist das Geschlechtsteil gut sichtbar, sie sehen es jeden Tag. Auch der Vergleich mit anderen ist in einer Umkleide oder auf Toiletten möglich. Wenn man das männliche Geschlecht auf der spirituellen Ebene betrachtet, ist es voller Kraft und Zauber. Sonst hätten sie im Vatikan nicht den männlichen Marmorfiguren die Penisse abgeschlagen. Angeblich lagern sie etikettiert in einem Schubladenschrank.

Doch heute findet eine Profanisierung statt. Phallus und Vulva sind allgegenwärtig dem Konsum preisgegeben. In Form von Pralinen, Nudeln, Fruchtgummis oder Scherzartikeln werden sie ihrer Macht beraubt. Der Phallus büßt seine Männlichkeit und die Vulva ihre Weiblichkeit ein.

Erzähl deine Geschichte …

Beschreiben Sie Ihr Verhältnis zu Ihrer Vulva, Ihrem Penis, früher und heute. Mögliche Anfangssätze:

Du hast da unten nichts …

Fass dich nicht an …

Schau doch mit dem Spiegel …

Meine Mumu ist eine sich öffnende Blume …
Der Anblick ist bezaubernd …
Schrumpfnudel …
Mit dieser Kanone werde ich die Welt erobern …
Mein Joystick macht mir Spaß …

Champagner sagt mehr als tausend Worte

Kleopatra, die ägyptische Königin vom Nil, löste einen Perlenohrring in Essig auf, um den römischen Heerführer Mark Anton zu beeindrucken. Mit dieser Geste demonstrierte sie ihm, wie reich, mächtig und selbstbewusst sie war.
Szenisch darstellen, visualisieren – darin liegt die Kunst, und Kleopatra wusste das.
Es kommt beim Schreiben weniger auf das *Was*, sondern mehr auf das *Wie* an. Versuchen Sie nicht, dem Leser den Charakter einer Person zu erklären, zeigen sie ihn stattdessen in einer Handlung, die genau das über die Person aussagt, was Ihnen wichtig ist. Lassen Sie den Leser miterleben, wie Kleopatra die Perle in den Kelch wirft. Trauen Sie ihm zu, selbst die richtigen Schlussfolgerungen zu ziehen.

Ganz nebenbei sei erwähnt, dass Perlenstaub in Champagner gerührt die Wirkung eines Aphrodisiakums besitzen soll. Wäre das nicht eine Idee, um selbst eine Überraschung zu erleben? An Silvester vielleicht? Wie gesagt, das eigene Tun macht glücklich. Lieber so eine kleine Kostbarkeit im Champagner als Tigerhoden, Walross- oder Robbenpenisse auf dem Teller, die demselben Zweck dienen sollen und darüber hinaus als unfehlbares Mittel gegen Impotenz gelten. Und das nur aufgrund des Glaubens, dass sich die sexuelle Leistungskraft und die Stärke auf den Mann übertragen. Mir hilft ein frisch eingeschenktes Glas Champagner mehr, mich erotisch zu fühlen, aber ich bin auch kein Mann. Wie wichtig das für die Inspiration sein kann, beschreibe ich unter *Agent Provokateur oder das Aphrodisiakum fürs Schreiben*.

Notiere deine Gedanken …

Lassen Sie Ihre Figur in der Nacht nach einem erotischen (Alb-) Traum aufwachen. Was wird sie tun? In ihrer Schlaftrunkenheit, noch nahe an ihrem Traum, wird sie instinktiv und natürlich handeln, weniger kontrolliert und überlegt als am Tag. Schon Johann Wolfgang von Goethe nutzte für seine Texte seine Träume als

Quelle. In seinen autobiografischen Schriften erzählt er: „Was ich wachend am Tage gewahr wurde, bildete sich sogar öfters nachts in regelmäßigen Träumen: Gewöhnlich schrieb ich alles zur frühesten Tageszeit.“

Christmas, ein Bildimpuls

Auf der Biennale 2009 in Venedig stellten die beiden italienischen Künstler BERTOZZI & CASONI diesen umgestürzten Weihnachtsbaum aus, dessen Kugeln mit Motiven aus dem Kamasutra versehen waren. Mich sprach dieses Kunstwerk sofort an.

Unabhängig davon, was sich die beiden Künstler gedacht haben, ist dieser Baum mein Bildimpuls.

Wage etwas, schreibe, zensiere dich nicht …

Stürzen Sie sich ins erotische Schreiben, zögern Sie nicht, schreiben Sie und beantworten die Frage: Was ist hier geschehen?

Schmuck der Liebe

Aus der Lautsprecherbox tönt keine Stille Nacht, heilige Nacht, sondern Schlampenfieber von Rosenstolz. In den Zweigen der Nordmanntanne hängen Glaskugeln, die ich vor Jahren schon aus Indien mitgebracht hatte, aber noch nie als passend für das Fest der Liebe empfunden hatte. Doch für heute wurden sie aus ihren Schachteln befreit. Aus der Ferne betrachtet ist nicht zu erkennen, dass die Figuren auf den glänzenden Kugeln den Liebestanz aus dem Kamasutra vollführen. Auf einem silbernen Tablett liegen Kekse bereit, die nach Nelke und Zimt schmecken. Ein eigenartiges Gefühl von Berauschtheit begleitet mich schon seit Stunden, als hätte ich zu viel Wein getrunken. Dabei ist es der Duft der Vanille, der durch die Wohnung zieht und dieses Gefühl der Leichtigkeit hervorruft. Das kräftig süße Aroma weckt die Sehnsucht nach dem Paradies. Ein leichter Schwindel ergreift mich, die Granatäpfel in der Schale auf dem Tisch scheinen zu tanzen. Das fruchtige Sinnbild der Lust und Verführung leuchtet in einem magischen Rot, in dessen Tiefe sich meine Hemmungen auflösen wie Zucker in Himbeersaft. Plötzlich lache ich laut, erst verweigere ich mich seinem Werben wochenlang, und nun trage ich so dick auf. Ich bin wahrlich aus der Übung, was das richtige Maß angeht.

Es klingelt.

Nach ein paar ungeschickt ausgetauschten Wangenküssen führe ich ihn ins Wohnzimmer. Andächtig stellt er sich vor meinen Baum des Verlangens, bringt die Äste zum Schwingen, die Figuren erwachen zum Leben. Er dreht sich um.

„Tun wir es heute?“, fragen mich seine Augen.

„Ja“, antworten meine.

„Wie?“

„Kugel für Kugel.“

Wie Sie vielleicht schon unter *Bad Sex in Fiction Award für renommierte Autoren* gelesen haben, gibt es einen Preis für schlecht geschriebene Sexszenen, vor denen auch bekannte Autoren nicht gefeit sind. Warum sollten Sie sich also genieren, wenn es nicht sofort gelingt? Keine Scheu und Scham, lassen Sie Ihre Figuren vögeln, poppen, ficken, in heißem Liebesverlangen brennen oder schlicht „zur Quelle" gelangen.
Nur sollte es in der Sprache der Figur geschehen, die spricht, denkt und handelt. Stellen Sie sich vor, dass Sie mit Ihrem Partner ein Rollenspiel spielen: Hure und Freier, Patient und Ärztin, Lehrerin und Schüler ... Damit das nicht ins Lächerliche abgleitet, werden Sie sich vorher überlegen, wer Sie sein möchten, welche Figuren Sie überhaupt spielen könnten, ohne aus der Rolle zu fallen. Das Rollenspiel und das Eindenken in eine Figur beim Schreiben sind durchaus vergleichbar. In beiden Situationen ist *Glaubwürdigkeit* der wichtigste Aspekt. Wer will schon, dass der Partner lacht, während man ihn auf die Knie zwingen will, nur weil die Ansprache nicht passt? So wie ein unglaubwürdiges Rollenspiel den Partner aus der Erregung fallen lässt, so lässt eine unglaubwürdige Figur den Leser aus dem Lesefluss kippen.
Die Sprache der Figur hat etwas mit Erziehung und Ausbildung zu tun, mit Herkunft und gesellschaftlicher Stellung, mit der persönlichen und familiären Geschichte, mit Vorurteilen, Wünschen und Neigungen. Wie es Elisabeth George in *Wort für Wort – oder Die Kunst, ein gutes Buch zu schreiben* erklärt, setzt sie sich aus dem charakteristischen Sprachgebrauch, dem Satzbau, dem Wortschatz und typischen Redewendungen zusammen. Die Figur, aus deren Sicht erzählt wird, benutzt eine Sprache, die ihrer Herkunft und ihren Lebensumständen entspricht. Unverwechselbar und lebendig wird eine Figur, deren Haltung sich in ihrer Sprache ausdrückt.
Die Haltung der Figur dem eigenen und dem anderen Geschlecht gegenüber wird in den Begriffen deutlich, die sie verwendet. Es besteht eine Wechselwirkung. Bei der Wahl der Bezeichnungen handelt es sich also um mehr als „nur Worte". Es sind psychologische

und kulturelle Einstellungen, die sich darin abbilden.
Wenn für den Mann die Vagina nicht mehr als „ein mit Schleimhaut ausgekleideter Gang" ist, kann der Leser daraus schließen, dass er Sexualität wohl als bedrohlich empfindet und Frauen am liebsten auf ihre biologischen Funktionen reduziert. Benutzt er das Wort „Fotze", drückt das eine geringe Wertschätzung den Frauen gegenüber aus. Wenn einer dagegen vom „Jadetor", der „goldenen Lotusblüte" oder dem „Paradies" spricht, klingt das wertschätzender. Außerhalb des entsprechenden Kulturraumes oder nicht passend zum Charakter der Figur klingt es eher fremd oder sogar unfreiwillig komisch.
Ob für die Heldin ihre Vagina ein Tempel, eine Schatzkiste oder ein Schneckenhaus ist, ob sie einen eigenen Kosenamen erfindet oder von ihrem Schlitz redet, sagt doch einiges über ihr Verhältnis zu ihrem Körper aus. Hat sie Brüste, Melonen, Tüten oder doch zwei Ballons?
Beim Schreiben überlege ich, wie die Figur die Körperteile bezeichnen würde. Welcher Mann spricht lieber von seinem Großen als vom Zauberstab? Bevor Sie lächerliche oder übertriebene Begriffe benutzen, die nicht zum Ton ihrer Geschichte passen, benutzen Sie die neutralen Begriffe wie Brüste, Vulva, Vagina, Penis und Hoden. Weitere medizinische Begriffe sind eher aus dem literarischen Wortschatz zu verbannen. Zum einen, weil sie in einen sachlichen Kontext gehören, zum anderen benutzen sie die wenigsten Menschen. Muschi, Dose, Möse, Muschel, Venusspalte oder Liebesgrotte? Kleiner Mann, Gurke, Schwanz, Lurch oder Rammbock? Sack, Nüsse, Eier oder Glocken? Das muss nach der Figur, dem Kontext und der Zeit, in der die Geschichte spielt, entschieden werden. Ende der 1970er Jahre benutzten junge Frauen beispielsweise im Zuge der Emanzipation selbstbewusst das Wort „Möse", während ihre Eltern noch von „da unten" sprachen.
Dasselbe gilt für die sexuelle Begegnung, die sich in sehr unterschiedlicher Weise ausdrücken lässt, auch wenn der Akt derselbe bleibt. Einer fickt, einer liebt, einer bumst, einer steckt die Banane in den Obstkorb, einer rutscht drüber. Eine reitet, eine dressiert, eine vögelt, eine braucht Zucker in ihre Tasse. Die Art, wie eine

Figur es beschreibt, spiegelt neben ihrem ganz individuellen Erleben von Sexualität auch etwas von ihrer generellen Einstellung zum Leben wider.

Zwei Beispiele aus der Literatur: In *Erinnerungen an meinen Porsche* von Bodo Kirchhoff, erschienen 2009, nennt Daniel Deserno, ein 39-jähriger Investmentbanker, sein Geschlechtsteil Porsche. Charlotte Roche lässt in *Schoßgebete,* erschienen 2012, Elizabeth, Mitte 30, vom Schwanz ihres Mannes und seinem Beutel voller Gold erzählen.
Genug der Theorie, jetzt wird das Spiel eröffnet.

Du bist dran …

Erfinden Sie eine Figur, die eine ablehnende Haltung zur Sexualität einnimmt, machen Sie dies durch ihre Sprache kenntlich. Überlegen Sie, wie sie die Körperteile benennt, die Namen sollten in den Kontext der Zeit passen.
Erfinden Sie dann eine Figur, die eine positive Einstellung zu sich und ihrem Körper hat. Lassen Sie dies ebenfalls in die Sprache einfließen.

Drei Worte

Für eine gute Sex-Szene gilt, was für alle guten Szenen Gültigkeit hat: Überraschungen fesseln den Leser an den Text. Bei real gelebtem Sex wünschen die meisten, dass er möglichst störungsfrei und befriedigend für den anderen und einen selbst ist. Aber in einer Geschichte kann es spannender sein, wenn sie/er nicht bekommt, was sie/er will. Missgeschicke im Bett, Peinlichkeiten, unpassende Gedanken, seltsame Fantasien bieten Stoff, den Leser zu unterhalten. Reibungslose Begegnungen langweilen. Außerdem kennen die meisten Leser den störungsfreien, vollendeten Akt hoffentlich aus eigener Erfahrung.

Wähle dir drei Wörter aus, schreibe zehn Minuten …

Wählen Sie drei Wörter aus dem *Abecedarium*, verwenden Sie diese sinnvoll in einer kurzen Szene. Setzen Sie sich ein Zeitlimit: zwanzig Minuten und keine Minute länger. Los!

Das Menü Surprise

„Wer nicht wagt, der nicht gewinnt", sagte er schon nach einem kurzen Gespräch an der Bar. „Ich steh auf ältere Frauen, jüngere interessieren mich nicht. Lust auf ein Essen bei mir?"

Er sah verdammt gut aus, und als ich nickte, sagte er: „In zwei Stunden? Wäre das okay? Ich wohne gleich hier um die Ecke." Er schob mir eine Visitenkarte hin. Das Leben ist voller Überraschungen, dachte ich, ging nach Hause, zog das Kostüm aus und duschte. Als die Zeit gekommen war aufzubrechen, legte ich eine Perlenkette um den Hals, einen Perlenstrang wickelte ich mir ums Handgelenk. Doch ich trug noch mehr Perlen, die nur für seine Augen bestimmt waren, falls ich ihn auserwählte, mein Tor ins Paradies zu durchschreiten. Denn darum wird es letztendlich gehen, wenn er Gnade vor meinen Augen fand. Da wollte ich vorbereitet sein und ihn mit diesem besonderen Anblick erfreuen: mein Lustzentrum eingerahmt von zwei schimmernden Perlenreihen, die so kunstvoll miteinander verknotet waren, dass ein Knoten auf meiner Perle lagerte und mich jetzt schon angenehm einstimmte.

Als er mir öffnete, lächelte er erfreut, meine Kombination aus schwarzer Lederjacke, schmaler Hose und Reiterstiefeln schien ihm zu gefallen. Während er mir die Jacke abnahm, entdeckte er die Perlen.

„Wie meine Mutter ..." Seine Stimme nicht ganz im Zaum haltend, war ein selbstgefälliger Unterton zu erkennen.

Die Unterhaltung verlief schleppend. Es war nicht zu überhören, dass er auf seine Jugend setzte und es nicht für nötig hielt, sich anzustrengen. Anscheinend hatte er noch nichts davon gehört, dass das Sprachzentrum der Frau direkt mit ihren Gefühlen verknüpft ist. Nach ein paar Versuchen meinerseits, ihn in ein Gespräch zu locken, gab ich es auf. Warum auch reden, seine Vorspeise war köstlich und wenn später seine Geilheit durchkam und er wollte, war ich selbstbewusst genug, Nein zu sagen, wenn ich mich dagegen entschied, denn dass ich noch wollen würde, war eher zweifelhaft bei seinem Desinteresse für meinen Esprit. Und wie er sich nach dem Hauptgang in Richtung Küche bewegte, die Hüften schwang, die Schultern straffte und sich noch einmal zu mir drehte, um mit bedeutungsvollem Blick anzukündigen, dass gleich die Nachspeise käme, ahnte ich, was mich erwartete. Im Wartezimmer meines Zahnarztes hatte ich in der GQ sieben magische Sex-Tipps gelesen, einer davon schien hier gerade in die Tat umgesetzt zu werden. Geheimnisvoll, aber auch siegesgewiss lächelnd kam er zurück, stellte eine Platte mit Deckel auf den Tisch, zog sich die Krawatte ab und sagte: „Baby, heute bekommst du den leckersten Nachtisch aller Zeiten."

Ergeben ließ ich mir die Augen verbinden und hoffte, dass er meinen Seufzer als erwartungsfroh und nicht als gelangweilt deutete. Als das kalte Metall des Löffels meine Lippen berührte, öffnete ich sie zögernd. Ein weiches, duftiges, nach Vanille schmeckendes Mousse zerging auf meiner Zunge. Mann, kochen konnte der. Als zweiten Biss verschlang ich eine Erdbeere mit Schokohäubchen. Jetzt ist es Zeit für die Masche mit der Sprühsahne, so stand es zumindest in der GQ. Ich öffnete meinen Mund nur halb, damit er mir nicht seinen mit Sahne betupften Penis bis zum Anschlag in den Rachen schieben konnte.

„Nicht so zaghaft."

Gehorsam folgte ich, und tatsächlich berührte mich eine Banane, aber nicht seine. Die Frucht war mit himmlischer Vanillesoße überzogen. Ich prustete los vor Lachen.

Er lachte mit: „Ich will nicht wissen, was du gedacht hast."

Das behielt ich lieber für mich. Seine Tonlage wechselte, wurde sanfter: „Jetzt wird's scharf."

Schokopudding mit Chili war auf dem nächsten Löffel. Heiß lag er auf der Zunge, ich schob die Chili-Stückchen in meine Backe. Nach ein paar weiteren Löffeln brannte sich das Chili schon fast durch die Haut. Ich hatte große Lust, es einfach auszuspucken. Noch während ich darüber nachsann, klopfte die nächste Überraschung an meine Lippen. Die weiche, samtene Spitze seines Penis drängte sich in meinen Mund. Er hatte die GQ-Nummer lediglich um zwei zusätzliche Leckereien erweitert. Da fiel mir eine wunderbare Stelle aus Fräulein Smillas Gespür für Schnee ein. Smilla brachte den Mechaniker dazu, den kleinen Spalt seiner Eichel zu öffnen, sodass sie ihre Klitoris einführen und ihn vögeln konnte. Umsichtig *schlängelte ich meine Zunge, die einen kleinen Umweg über meine Backe genommen hatte, in dieses winzige Loch und füllte es liebevoll mit Chili. Die Reaktion setzte leicht verzögert, dann aber umso heftiger ein. „Was zum Teufel …" Er zog sich so abrupt zurück, dass er beinahe auch noch intensiv Bekanntschaft mit meinen Zähnen geschlossen hätte. Ich streifte mir die Krawatte von den Augen. Fluchend hielt er sich den Sektkühler vor den Schritt. Allzu viel Linderung schien das nicht zu bringen, mit einem tiefen Stöhnen ging er in die Knie. Wie er da so auf dem Boden kniete, ganz dem Selbstbewusstsein des Jägers beraubt, fand ich ihn doch wieder recht anziehend. Doch meine Neugierde auf ihn war verbraucht, sein Ansinnen war einfach zu unverhohlen gewesen. Dennoch oder gerade deshalb schenkte ich ihm ein strahlendes Lächeln.*

Auf dem Weg nach draußen – die Hüften schwingend, die Schultern gestrafft – drehte ich mich noch einmal zu ihm um und sagte mit leiser Stimme: „Unterschätze nie eine Frau, gerade, wenn sie Perlen trägt."

Seinen wütenden Blick im Rücken, schloss ich die Tür von außen.

Dominanz und Devot

„Schreibe nur über Dinge, die du aus eigener Erfahrung kennst. Menschen, Orte, Beziehungen, Situationen, Atmosphären: Du solltest genau wissen, wohin du deine Figuren und Leser mitnehmen willst." So lautet die Empfehlung des Schriftstellers Andrea De Carlo.[11] Aber nicht jede Situation, über die Sie schreiben, werden Sie aus eigener Erfahrung kennen. Das weiß Andrea De Carlo auch. Er will damit auf keinen Fall Ihre Fantasie einschränken, sondern eher auf ein anderes Thema aufmerksam machen: Eine gute Recherche hilft.

Besuchen Sie inspirierende authentische Schauplätze und fremde Welten. Begeben Sie sich auf Forschungsreise, ein Ausflug auf eine sinnliche Party[12] oder eine Luxusorgie[13] bieten Anregung.

Seien Sie neugierig, lassen Sie sich von Menschen erzählen, was sie empfinden, warum sie dieses oder jenes genau so leben und

nicht anders. In meinem Buch *Die Nacht der Masken* erzählt Valmot von seiner Einstellung zur Dominanz: „Es ist ein Irrtum zu glauben, dass der dominante Mann auf diese Weise seinen Machthunger befriedigen könnte. Nein, im Gegenteil, wenn er ehrlich ist, erkennt er an, dass er die Rolle spielt, die die Frau ihm zugedacht hat. Er ist der Herr, aber nur wenn die devote Frau es will. Sie ist letztendlich diejenige, die befiehlt. Nun sagt die Frau allerdings nicht deutlich, was sie will – deshalb ist es meine Aufgabe, ihre Wünsche zu entschlüsseln. Es liegt in meiner Verantwortung zu spüren, was sie möchte. Daraufhin bestimme ich das Spiel. Ich gehe Stufe für Stufe voran und achte darauf, keine rote Linie, keine Grenze in ihr zu überqueren. Eine solche Grenze zu überschreiten, hieße, das Vertrauen der Frau zu missbrauchen und es im selben Augenblick für immer zu verlieren. Wie bei einer kostbaren Vase: Ist sie einmal zerbrochen, können auch Reue und Entschuldigungen sie nicht wieder zusammenfügen. Aufgrund dieser Vorsicht führe ich sie manchmal nicht bis zu ihrer Grenze, aber das ist mir lieber, als dass ich auch nur einen einzigen Schritt zu weit gehe. In der Dominanz gibt es kein ‚Sorry'. Devote Frauen teilen die Männer in zwei Kategorien ein: die Herren und die anderen.
Die anderen, das sind die Liebhaber, die Ehemänner, die Väter der Kinder. Mit ihnen leben sie ihre ‚normale' Rolle als Frau. Sie heiraten, sie lieben, sie leben an der Seite ihrer Männer als Frau und Mutter. Von den Herren erwarten sie etwas anderes, die Phantastereien der Meister sollen sie in den Stand von Göttinnen erheben. Sie warten darauf, dass der Herr ihnen enthüllt, was Gott oder der Teufel ihnen mitgegeben hat. Nur die Meister können ihnen ihren Teil des Schattens zeigen, der im Kontext der Dominanz zu Licht wird. Er peitscht sie, fesselt sie, zwingt sie auf die Knie. Durch ihre Qual, ihre Erniedrigung wächst ihre Macht. Ein Blick von ihr, ein einziges, winziges Zeichen treibt das Spiel weiter voran oder beendet es binnen eines Wimpernschlages – sie wird zur Göttin. Die Frauen können für ihre Herren Liebe empfinden, aber häufiger handelt es sich um eine Art von Verehrung."
Dies ist nur eine Meinung. Wenn Sie weiter forschen, werden Sie sicher im Kontrast dazu stehende Ansichten finden. Einen Dom/

eine Domina, der/die sein/ihr devotes Gegenüber brechen will. Eine Sub (devote Frau), die Valmot als langweiligen Kuscheldom sehen würde. Frauen, die SM aus feministischen Gründen ablehnen. Lesbische Frauen, die ausgeklügelte SM-Inszenierungen entworfen haben. Fesselkünstlerinnen.
Aufschluss gibt auch das Buch von Claire Garoutte *Matter of Trust/Sache des Vertrauens*. Claire Garoutte ist eine Fotografin und Dozentin aus Seattle, sie hat über sieben Jahre eine Gruppe lesbischer Frauen, die SM praktizieren, fotografiert und Interviews mit ihnen geführt. C-Lee, sie ist wechselnd Top und Bottom, erklärt darin ihre Hingabe so: „Als ich das allererste Mal in einer SM-Inszenierung von meiner Freundin geschlagen wurde, war das hart. Es dauerte sehr lange und ich heulte und heulte. Und es war wundervoll. Ich fühlte eine solche Erlösung. Ich bin ständig kontrolliert und das bot mir einen Weg, das aufzugeben. […] Ich habe immer von der Bottomposition aus getoppt und ich brauche eine starke Person, die mir das nicht durchgehen lässt. Ich bin recht kräftig, gewitzt und manipulierend. Ich warne die Leute, dass ich die Situation umdrehen werde, wenn sie mir nur die kleinste Gelegenheit dafür bieten, dass ich das Hintertürchen finden werde, und bevor sie es überhaupt merken, toppe ich sie."
Tucci, eine Top, fesselt SM aus den Gründen: „Es ist die enorme Menge an Kontrolle, die eine Person einer anderen überlässt. Es ist das Band, das zwischen ihnen geknüpft wird. Es sind der Austausch von Macht und die Reichweite der Emotionen, durch die beide hindurchgehen. Es ist der Endorphinstoß, die sexuelle Energie, die Verletzlichkeit und das Vertrauen. Wenn ich mit jemandem etwas in Szene setze, spiele ich als Top oder Lehrerin. Von Natur aus bin ich eine sehr einschüchternde, dominierende und kontrollierende Person. SM gibt mir ein Betätigungsfeld, mit diesen Dingen in einem sicheren Umfeld zu experimentieren. Teil der SM-Gemeinschaft zu sein, half mir, eine innere Stabilität zu entwickeln. Die Frauen, die ich zuerst traf, hatten eine Selbstsicherheit, ein Bewusstsein davon, wer und was sie waren, und sie hatten keine Angst, das zu erzählen. Sie halfen mir, mit dem, wer und was ich war, auszukommen, und mich nicht dafür zu schämen."

In solchen Konstellationen steckt viel Konfliktpotential: Ein Dom, eine Top, die sich nicht an die Regeln hält, und schon sind Sie mitten im spannenden Erzählstrom.
Prüfen Sie viele verschiedene Aspekte, bevor Sie entscheiden, wohin Sie Ihre Figuren und Leser mitnehmen wollen.
Falls Sie selbst die devote oder dominante Seite ausprobieren möchten, nur zu. Seit *Shades of Grey* ist Sadomasochismus in abgeschwächter Form *en vogue*. Diese Spielart der Lust ist reizvoll und garantiert Luststeigerung. Sie kann ein reizvolles Element sein, um langweiligen Sex zu beleben. Liefern Sie sich gemeinsam mit Ihrem Partner dem Unbekannten aus, zeigen Sie, dass Sie Vertrauen haben.
Kreatives Ausprobieren ist angesagt. Ob es dabei um Austausch von Macht geht oder um das intensive Schmerzlusterlebnis, kann jeder für sich entscheiden.

Erregt beim erotischen Schreiben?

Vom Leser kann keine Emotion erwartet werden, die der Autor beim Schreiben nicht selbst durchmacht. Dies gilt für Angst, Trauer und Freude genauso wie für Erregung.
Vielleicht entscheiden sich deshalb Autorinnen, die erotisch schreiben, häufig dafür, ihre Identität nicht preiszugeben. Dominique Aury hat unter dem Pseudonym Pauline Réage *Die Geschichte der O* geschrieben und bekannte sich erst 1994 dazu. Marayat Rollet-Andriane veröffentlichte unter dem Namen Emanuelle Arsan die *Emanuelle*-Romane, und die Schriftstellerin Anaïs Nin entschloss sich erst 35 Jahre nach der Entstehung von *Das Delta der Venus* zur Veröffentlichung. Von Sophie Andresky, die als erfolgreiche Pornoautorin gilt, dürfen keine Fotos veröffentlicht werden, und ihren wahren Namen kennt man nicht. Sie möchte anonym bleiben und keinen ihrer Leser treffen. Sie begründet dies damit, dass es etwas sehr Intimes sei, was sie mit den Lesern mache. Dagmar Fedderke dagegen steht persönlich hinter ihren Texten. Ihr Bestseller *Die*

Geschichte mit A, 1993 erschienen, erzählt eine Liebesgeschichte in Paris, in der sich die Protagonistin von einem Liebhaber zu SM verführen lässt, weil sie nicht weiß, ob es ihr gefällt. In Fernsehberichten hat Dagmar Fedderke keinen Zweifel daran gelassen, dass ihre Erzählungen und Romane autobiografische Hintergründe haben. Charlotte Roche lässt die Frage nach den eigenen Anteilen bewusst offen und spielt so mit der Neugierde der Öffentlichkeit. Nicholson Baker hingegen gibt in Interviews gern preis, dass ihn das Schreiben der surrealen Sexszenen für *Das Haus der Löcher* erregt hat. Sicher ist die Entscheidung, wie sehr man seine Person mit in den Fokus stellt, eine sehr individuelle und abhängig von der Zeit und dem persönlichen Kontext, in dem man lebt.
Ein Leser von erotischer Literatur hat mir gestanden, dass ein Teil seines Lustgewinnes in der Vorstellung liegt, dass der Autor erregt war, während er die Zeilen geschrieben hat. Womöglich las er gerade eine der Masturbationsfantasien des Schriftstellers. Deshalb auch mein Rat im Kapitel *Bizarre Gedanken*, sich die eigene Einstellung zur Erotik bewusst zu machen, bevor man losschreibt. Wenn Sie sich also die Frage stellen, ob Sie beim Schreiben einer Szene erregt sein dürfen, dann kann ich nur sagen: Ja. Falls es Ihnen doch zu intim ist, dann verraten Sie einfach nicht, bei welcher am heftigsten.

Erotik findet vorher statt

Es gibt keine klare Abgrenzung zwischen Pornografie und Erotik, denn beide haben dasselbe Fundament, die Sexualität. Doch was für den einen erotisch ist, kann für den anderen schon pornografisch sein. Vielleicht kann man sich darauf einigen: Nach dem Lesen eines pornografischen Textes weiß jeder genau, wer welche körperlichen Maße und Vorzüge hat und wo sich welches Körperteil befunden hat. Jede Nahaufnahme des Körpers ist darauf ausgerichtet zu erregen und eine unmittelbare Reaktion auszulösen. Ein Orgasmus gehört zwingend dazu: „O ja, Baby, komm zeig's mir, fester, fester, fester, spritz mich an." Es ist die explizite Darstellung sexueller Handlungen, die aufgeilt, obwohl oder gerade weil sie von allem Persönlichen befreit ist. Dazu wird die Sinnlichkeit reduziert und auf Gefühle verzichtet. Meist gibt es kaum ein Vorspiel, der Sex ist in der heutigen Vorstellung von Pornografie oft hart und aggressiv.
Aber auch Pornografie kann gut in Texte eingebettet werden, denn sie ist ebenfalls ein Teil der menschlichen Sexualität. Pornografische Fantasien und Wünsche gehören zum Menschen dazu, sie sind subversiv und entfesseln Lust.
Die Frage, was Erotik ist, ist genauso wenig eindeutig zu beantworten. Jeder hat seine eigene Vorstellung davon. Für mich ist Erotik ein Versprechen, das die Sexualität umspielt, eine Erwartung, die ihr vorausgeht: die Verführung. Sie hält mein Begehren lebendig und steigert es zuweilen bis zur Begierde. Es geht darum, die Kontrolle aufzugeben, loszulassen, alle Sinne zu öffnen. Erotik schafft Nähe, verlangt die Auseinandersetzung mit dem Gegenüber. Zentrale Elemente sind Begegnung und Hingabe. Die seelischen Empfindungen, Überraschungen und Irritationen spielen dabei die Hauptrolle.
Pornografie und Erotik schließen sich also keineswegs aus, die entscheidende Frage ist vielmehr, ob etwas mitgeteilt wird, das über die reine Performance hinausgeht. Gefühle wie Hingabe, Verwundbarkeit, Liebe, Hass, Selbstaufgabe, Berechnung, Wollust, Gier und Leidenschaft sind es, die mich berühren.

Höre nicht auf deinen inneren Kritiker …

Schreiben Sie zehn Minuten frei heraus, was Ihnen zu Erotik und Pornografie einfällt. Schnell, ohne nachzudenken, los!

Eros, ein Bildimpuls

450 v. Chr. Peter Paul Rubens, 1614 Igor Mitoraj, 1999

Eros[14] ist in der griechischen Mythologie der Gott der begehrlichen Liebe. Die göttliche Macht wird anfänglich als schöner Jüngling dargestellt, dessen Attribute meist Peitsche, Netz oder Sandalen waren. Doch dann wandelt er sich zum Kind mit Pfeil und Bogen. Die Flügel bleiben ihm erhalten, wohl weil die erotische Liebe als flüchtig gilt. Der polnische Künstler Igor Mitoraj stellt Eros 1996 in einer Großplastik nur noch als bandagierten Kopf vor.
Doch entspricht dies auch Ihrer Vorstellung?

Wie würde Ihr Eros aussehen? Ist er der neckische Knabe mit Pfeil und Bogen oder ein Mann voller Kraft, leidenschaftlich, gefährlich, gar bedrohlich?

Sei genau …

Stellen Sie sich das Gefühl der Begierde, der Leidenschaft so genau wie möglich als Kreatur oder Person vor. Wo ist Eros gerade, wo lebt er, wie ist er gekleidet, was passt zu ihm?
Die Göttin der Liebe im Wandel der Zeiten folgt im Bildimpuls zur Venus.

Der Wanderer

Eros geht als Unsterblicher durch die Zeit,
ein dunkler Krieger,
seine Rüstung aus schwarzem Metall,
mit goldenem Glanz überzogen im Licht.
Darin steckt ein stattlicher Kerl,
mit kantigem Gesicht
und harten, dunklen Augen.
Suchend schweift sein Blick,
bannt, was er haben will.
Umfasst er dich
mit heißen Flügeln,
brennst du wie eine Fackel,
Flamme verschlingt dich
ohne zu fragen.
Weiter wandert sein Blick,
auf zu neuen Zielen,
mit dem Feuer spielen.

Fremdgehen

Fremdgehen, eine Affäre haben, kurzfristig einen sexuellen Ausbruch aus der Partnerschaft wagen – Forscher haben herausgefunden, dass jeder Zweite diesem Kribbeln der eigentlich verbotenen Leidenschaft schon einmal nachgegeben hat. Es heißt, dass Frauen, die fremdgehen, besseren Sex hätten. Bei den Liebhabern lassen sie sich richtig fallen und werden mit Aufmerksamkeit, Zärtlichkeit und Bewunderung verwöhnt. Sie fühlen sich wieder begehrt, unwiderstehlich und sexy.
Stoff für dramatische Handlungen gibt eine Affäre genug her. Leidenschaft, verwirrte Emotionen, ein Scherbenhaufen an zerbrochenen Idealen, Katzenjammer, Rache.
Tipps fürs Fremdgehen in einer Beziehung braucht niemand, das passiert meist von allein, aber ein paar Empfehlungen, wie man

fremde (neue) Wege gehen kann, um seine Geschichten zu veröffentlichen. Im Internet gibt es zahlreiche Communitys:
Joyclub[15], Deutschlands große Sex- und Erotik-Community mit über einer Million Mitgliedern, hat ein gut besuchtes Kurzgeschichtenforum.
Schattenzeilen[16] sind eine Internetgemeinschaft für erotische Geschichten, Gedichte und andere Texte rund um BDSM und Fetisch.
Oder Sie betreiben einen eigenen Blog.
Doch das Erscheinen in einem gedruckten Buch ist noch immer etwas Besonderes. Sie können die Geschichten und Ideen, die durch die Anregungen zum Schreiben entstanden sind, an den konkursbuch Verlag Claudia Gehrke, PF 1621, D-72006 Tübingen, schicken. Vielleicht finden sie Aufnahme in der nächsten Ausgabe vom *Mein Heimliches Auge,* dem Jahrbuch der Erotik, und Sie werden eine Auge-AutorIn.
Schicken Sie Texte, die nach einer oder mehrerer der Anregungen aus diesem Buch entstanden sind. Legen Sie Kopien der ausgefüllten Seiten aus den entsprechenden Kapiteln bei. Wir freuen uns, die Ergebnisse zu sehen. Wenn es ihnen lieber ist, können Sie für eine potentielle Veröffentlichung auch ein Pseudonym wählen.

Fetisch

„Ich bin Schuhfetischistin“, sagt meine Freundin Gala. „Ich bin ein Bücherfetischist“, behauptet mein Freund Ulf. Beide meinen, dass sie dieses Buch oder jenes Paar Schuhe unbedingt haben müssen. Sie sind begeisterte Sammler, mehr aber auch nicht. Die ursprüngliche Bedeutung des Begriffs, dass diesem begehrten Gegenstand ein Zauber zugesprochen wird, dass er übernatürliche Kräfte besitzt, ist in der Umgangssprache verloren gegangen.
Spricht man in wissenschaftlichen Kreisen von Fetischismus, geht es um den „Gebrauch toter Objekte als Stimuli für sexuelle Erregung oder Befriedigung.“ Dies wurde unter der Schlüsselnummer F65 als Störung der Sexualpräferenz in der *Internationalen statistischen Klassifikation der Krankheiten und verwandter Gesundheits-*

probleme (ICD) gelistet. Noch vor gar nicht allzu langer Zeit wurde selbst die sexuelle Fixierung auf einen Körperteil – Füße beispielsweise – oder auf Nylons als krankhafte Abweichung verstanden. Heute wird das auch unter Psychologen liberaler gesehen, nicht jede Besonderheit im Wünschen und Tun in der Sexualität zählt mehr als psychische Krankheit. Es kommt bei der Beurteilung mittlerweile eher darauf an, ob die Person einen Leidensdruck empfindet und sie in ihrem sozialen Leben einschränkt ist. Wenn es Genuss für sie bedeutet, gibt es keinen Handlungsbedarf.
Für Schreibende ist der Fetischismus ein ideales Spielfeld, denn Figuren sollen brennen, sollen eine Leidenschaft haben, eine, die über das gemeinhin als normal empfundene Maß hinausgeht.
Alles kann dabei zum Fetisch werden. Für Severin in *Venus im Pelz* von Leopold von Sacher-Masoch waren es Pelze: „Ich kann es nicht leugnen", sagte ich [Severin], „es gibt für den Mann nichts, das ihn mehr reizen könnte, als das Bild einer schönen, wollüstigen und grausamen Despotin, welche ihre Günstlinge übermütig und rücksichtslos nach Laune wechselt –"
„Und noch dazu einen Pelz trägt", rief die Göttin.
„Wie kommen Sie darauf?"
„Ich kenne ja Ihre Vorliebe."
Für Sara Noriega aus *In den Zeiten der Cholera* von Garcia Márquez spielen Schnuller diesen Part: „Was Florentino Azeira am besten an ihr gefiel, war, dass sie, um den Gipfel der Glückseligkeit zu erreichen, an einem Schnuller nuckeln musste, wenn sie sich liebten. Schließlich hatten sie eine ganze Sammlung davon, jede Größe, Form und Farbe, die sie auf dem Markt finden konnten, und Sara Noriega hängte sie ans Kopfende, sodass sie sie in den Augenblikken extremer Dringlichkeit ohne hinzusehen erreichen konnte."
In der SM-Literatur sind Peitschen, Fesseln, Lackkleidung oder Ledermasken übliche Fetische.
Ausgefallene Lingerie, Designer-Dessous wie ein Perlenstring oder ein Slip Ouvert zählen sicher zu den weitverbreiteten Fetischen. Weibliche Wäsche, möglichst getragen, wird gern gesammelt oder gekauft. Dennoch wird auch der Zauber der schönen Wäsche von jedem Menschen unterschiedlich empfunden. Der eine sammelt

nur Fotos davon, der andere verschenkt sie. Dietmar, einer meiner Interviewpartner aus dem Buch *Die Nacht der Masken*, verriet mir: „Ich bin ein absoluter Fan von schöner Unterwäsche, das grenzt schon an Fetischismus. Am Anfang war es eine große Überwindung, in ein Wäschegeschäft zu gehen, um schicke Dessous zu kaufen. Das erste Mal tat ich so, als ob ich Unterwäsche für mich kaufen wollte. Dann ließ ich beiläufig die Frage nach dem schönen Wäscheset im Schaufenster fallen, das ich eigentlich haben wollte. (…) Als Yasmina später im Hotelzimmer die Wäsche ausgepackt hatte, bot sie mir ganz ungezwungen eine Modenschau an. Wenn dann eine Frau wie Yasmina, jung und schön, in dieser verführerisch zarten Unterwäsche aus dem Bad ins Zimmer kommt, bin ich hoffnungslos verloren." So kann es also für einen Mann sein – und wie ist es für eine Frau?

Überwinde dich, schreib einfach …

Was ist Ihr Fetisch? Strümpfe? Schokolade? Federn? Geld? Seide? Nähern Sie sich dem Gegenstand über alle Sinne.

Eine Schublade voller Kostbarkeiten

Mein Kleiderschrank besitzt eine Schublade voller Kostbarkeiten. Ich liebe den Moment, wenn sie aufgleitet und ihr Geheimnis preisgibt: Kleine Stapel aus roten Stringtangas, schwarzen Pantys, Taillengürteln, Bustiers, Bodys und BHs, gefertigt aus Seide, Spitze, Tüll oder Leder, verziert mit Schmucksteinen, Federn, Perlen oder Schleifen, Dessous wie Kunstwerke. Jedes hat eine Geschichte, ich weiß genau, wann und wo ich es gekauft habe, wann ich es getragen und wie ich mich darin gefühlt habe. Ich kenne Dessous-Geschäfte in jeder Stadt. Mit derselben freudigen Erwartung, mit der andere Galerien oder Restaurants betreten, durchstreife ich die Boutiquen, die im Laufe der Jahre immer schöner wurden, auf der Suche nach neuen Meisterwerken der Lingerie. Oft ist das, was ich direkt auf meiner Haut trage, viel kostbarer und überraschender als das Darüber. Das, was mir am nächsten ist, erregend zwischen Haut und Kleidung liegt, ist das Ehrlichste an mir. Denn es verrät meine Stimmung. Fühle ich romantisch, blühen rote Rosen auf weißer Haut, bin ich verwegen, möchte ich bei jeder Bewegung Perlen spüren, brauche ich Aufheiterung, trage ich pink. Aber ich liebe auch schwarz und rot und silbern.

Friseurbesuche

Wenn ich mich an eine sinnliche Begegnung erinnere, die nichts mit Erotik im Sinne von Miteinander-ins-Bett-Gehen zu tun hat, dann denke ich an einen Besuch beim Friseur. Ich genieße körperliche Berührungen, auch wenn sie nicht sexuell motiviert sind. Wenn mir jemand die Haare wäscht und meine Kopfhaut massiert, ist das sehr genussvoll. Ich schließe die Augen und träume. Gleichgültig, ob die Hände zu einem Mann oder einer Frau gehören, ich lasse mich einfach fallen. Manchen Männern scheint es ähnlich zu gehen. Ein Freund von mir hatte seit Monaten immer denselben abscheulichen Haarschnitt. Da schlug ich ihm einen Wechsel vor. Er winkte ab: „Ich kann meine Hair-Stylistin nicht wechseln. Sie hat

einen Diamanten im Bauchnabel. Wenn sie sich über mich beugt, um mir den Kopf zu waschen, glitzert dieser Stein genau vor meinen Augen. Wenn sie schäumt und rubbelt, funkelt er bei jeder Bewegung. Ihre Bauchdecke bebt. Auch wenn sie nicht gut schneidet, dieser Moment ist einfach durch nichts zu ersetzen."
Bei meinem nächsten Friseurbesuch, als mein Kopf rückwärts geneigt im Waschbecken hing, fiel mir auf, dass ich den Bauchnabel meines Friseurs nicht sehen könnte, selbst wenn er sein Hemd bis zum Gürtel aufknöpfen würde. Mein Freund hatte mir eine Geschichte erzählt. Ein spannendes Thema, auf das ich im Beitrag *Bettgeflüster* näher eingehe, hier soll es jedoch darum gehen, dass erotische Gefühle in vielen Situationen aufkommen, die vordergründig nichts mit Sexualität zu tun haben. Da bin ich einer Meinung mit Natalie Goldberg, die dem großen Thema Erotik in *Schreiben in Cafés* (nur) zweieinhalb Seiten widmet. Dort rät sie, wie fast durchgehend in ihrem Buch zum Kreativen Schreiben: „Fangen Sie immer bei sich selbst an und lassen Sie sich davon leiten. Erotik ist ein großes Wort. (...) Beginnen Sie mit etwas Einfachem, ganz Konkretem: Ihrer Teetasse, einem schmalen Apfelstück, einem Kekskrümel auf Ihren roten Lippen." Wie die meisten, die sich zum erotischen Schreiben äußern, betont auch sie, dass die Lexikonsprache keine Lösung ist.

Höre nicht auf deinen inneren Kritiker ...

Goldbergs Tipp, den ich hier gerne wiedergebe und der auch unsere Schreibanregung ist: „Wenn Sie sich gerade erotisch fühlen und darüber schreiben, wie Sie eine Melone essen, werden wir es beim Lesen spüren, selbst wenn Sie es nicht aussprechen."

Die Abendsonne tauchte den Weg in ein sanftes, rötliches Licht, und es roch nach Frühling. Er war auf dem Weg zu ihr, deren kreisende Bewegungen nicht zu schnell und nicht zu langsam waren. Es hatte lange gedauert, bis er sie gefunden hatte. Schon bei seinem ersten Besuch hatte er gespürt: Sie war die Richtige. In seinen Beinen steckte eine kribblige Unruhe, spürte er fast schon, wie ihre Hände ihn kraulten, fingerfertig durch seine Haare strichen und ihn mit dem perfekten Druck ihrer geschäumten Hände sanft entführten.
Pünktlich um siebzehn Uhr betrat er den Salon. Alexander, der für die Termine zuständig war, sagte mit zuckersüßem Lächeln: „Herr Papidoux, Inga ist heute schon früher gegangen. Das macht Ihnen hoffentlich nichts aus."
Und ob das was machte! Er wollte Inga, die Süße mit den weichen Händen, auf die hatte er sich eingestellt. Sie war die Beste, hatte den Dreh heraus, ihn glücklich zu machen. Deren Kleinmädchenstimmte so gar nicht zu ihrem rauchigen Lachen passte, das ihm noch Stunden nach der letzten Behandlung im Ohr geklungen hatte und ihn wohlig schauern ließ.
„Ich habe ausdrücklich einen Termin bei Inga verlangt, das wissen Sie doch noch, das können Sie nicht von gestern auf heute vergessen haben, Sie haben mir versichert, dass sie da sein wird …"
„Ingas Mutter rief an, Sie verstehen, und da fragte sie mich, ob Sie nicht jemand anderes übernehmen könnte."
„Nein, ich verstehe nicht. Ich hatte doch den Termin fest ausgemacht und ausdrücklich …"
„Das ist doch nicht so schlimm. Ich übernehme Sie gern. Dann wollen wir mal."
Was blieb ihm anderes übrig, wollte er sich nicht zum Idioten machen, indem er einfach wieder ging. Missmutig trottete er hinter Alexander her, der seinen Popo vor ihm herwedelte, als wäre er eine Ente, die ihre Küken sicher über die Straße geleiten wollte. Ergeben ließ Papidoux sich in den Friseurstuhl plumpsen und sich ein Handtuch um den Hals legen.

Flirten mit dem ersten Satz

So wie die ersten dreißig Sekunden zwischen zwei Menschen entscheiden, ob ein Flirt möglich wird, so entscheidet, wenn nicht sogar der erste Satz, so doch die erste Seite, ob der Leser sich für die Geschichte interessieren wird. Jeder Autor weiß um die Wichtigkeit des Anfangs, der den Leser so neugierig macht, dass er wissen will, was auf den folgenden Seiten alles geschehen wird.
Diese Übung können Sie nicht nur zum Schreiben nutzen. Seien Sie neugierig, was Ihr Partner antwortet.

Wähle aus, schreibe zehn Minuten ...

Versuchen Sie, im ersten Satz eine der Fragen zu beantworten:
Mit wem würden Sie nie im Leben schlafen?
Wem wollen Sie gefallen und warum?
Für welche Fantasie schämen Sie sich am meisten?
Was braucht es, damit Sie erregt werden?
Finden Sie Ihr Liebesleben nachahmenswert?
Wann verspüren Sie den dringlichen Wunsch, mit jemandem Sex zu haben?
Was werden Sie nie machen?
Was möchten Sie auf jeden Fall noch erleben?
Wie lautet Ihre absurdeste Ausrede, wenn Sie keine Lust haben?
Was an Ihnen ist erotisch und warum?
Wer würde sich freuen, wenn Sie mit ihm schlafen?
Wozu fehlt Ihnen der Mut?
Belohnen oder bestrafen Sie den Partner mit Sex?
Haben Sie je aus Mitleid mit jemandem geschlafen?
Worin gleichen sich Ihre sexuellen Kontakte?
Was lassen Sie sich im Bett niemals anmerken?
Worin sind Sie besonders talentiert?
Wann bekommen Sie auf jeden Fall einen Orgasmus?
Welchen Ratschlag haben Sie für einen impotenten Mann?
Welchen Ratschlag haben Sie für eine lustlose Frau?
Glauben Sie, Sie hätten bessere Liebhaber verdient?

Nun sind Sie sicher inspiriert und möchten sofort losschreiben – keine Hemmungen! Nutzen Sie eine der Antworten als ersten Satz für Ihre Geschichte.

Fesseln

Wer kennt sie nicht, die gelungene unvergessene Szene einer sexuellen Vereinigung in der Literatur. Lüstern-literarisch nehmen wir gerne Teil und freuen uns über eindringliche Beschreibungen des Intimsten. E-Books mit dem Stichwort Erotik, Sex und Callgirl verkaufen sich bestens, der erotische Roman ist nicht nur auf dem elektronischen Vormarsch.
Sie fragen sich sicher auch: Wie fessle ich einen Leser an meine Geschichte, sodass er das Buch nicht mehr aus der Hand legen will? Mit dem Anfang haben Sie seine Aufmerksamkeit erregt, haben ihn vermuten lassen, dass er Ihre Geschichte genießen wird, haben ihm auf der ersten Seite zum Beispiel eine Ahnung von einem großen Konflikt gegeben oder ihm eine Person vorgestellt, die etwas unbedingt will. Dieses Interesse muss nun über viele Seiten aufrechterhalten werden.
Fesseln Sie Ihren Leser, indem Sie Vorahnungen in ihm erzeugen, dass etwas passieren wird, stellen Sie ihm den interessantesten Menschen vor, den er je kennenlernen wird. Sorgen Sie dafür, dass er sich mit diesem Menschen identifiziert. Bringen Sie diesen Menschen in emotionale, physische oder psychische Gefahr, sodass der Leser um ihn bangt. Bauen Sie kritische Momente ein, die dem Geschehen eine unvermutete Wendung geben. Kurz gesagt: Bereiten Sie Ihrem Leser Lust und fesseln Sie ihn an Ihren Text. Haben Sie gerade keinen spannenden Text zur Hand, möchten aber trotzdem jemanden fesseln, tun es auch ein paar Seile oder Handschellen.

Du bist dran …

Lesen Sie! Das aufmerksame Lesen ist eine der Grundvoraussetzungen für das Schreiben. Lernen Sie von anderen Schriftstellern. Schulen Sie Ihr Gefühl für Sprache. Stellen Sie sich dabei die Frage, was Sie zum Weiterlesen verführt. Wie lenkt der Autor/die Autorin Ihre Aufmerksamkeit? Wie werden Sie tiefer und tiefer in die Geschichte hineingezogen? Warum lesen Sie weiter? Umgekehrt können Sie sich auch bei einem Buch, das langweilt, fragen: Warum ist das so?

Was fesselt Sie? Welches Buch oder welcher Film hat Sie so in den Bann gezogen, dass Sie nicht mehr davon losgekommen sind?
War es die *Geschichte der O*, der erotische Roman einer weiblichen Unterwerfung von Pauline Réage? War es *Das Bild*, die Geschichte einer Obsession von Jean de Berg? War es der erotische Thriller *Der Aufschneider* von Susanna Moore? Die Protagonistin lehrt *Creative Writing*, das finde ich doch passend für einen Schreibratgeber.
Versuchen Sie herauszufinden, warum gerade dieses Buch Sie so gefesselt hat, dass Sie es nicht beiseitelegen konnten. Lernen Sie durch aufmerksames Lesen automatisch von den Schriftstellern, die Sie interessieren.
Und dann sind wir natürlich sehr, sehr neugierig: Mailen Sie uns die Titel der Bücher, die Sie in den Bann gezogen haben: gehrke@konkursbuch.com.

Geheimnisse des Erotischen und des Schreibens ...

Ich verrate Ihnen ein Geheimnis. Erotik und Schreiben haben vieles gemeinsam. Hat man die Leidenschaft dafür entdeckt, bleibt einem beides bis ans Lebensende erhalten. Und – es ist nie zu spät, damit anzufangen.
Ein Wort, ein Bild, eine Geste, ein Gedanke versetzt mich in Stimmung, die Hand in Bewegung zu bringen, dabei zu bleiben, die Idee zu Ende zu führen. Beides bereitet mir haptisches Vergnügen. Das richtige Schreibgerät in der Hand zu haben, ist für mich genauso beglückend wie ein formschönes Sexspielzeug von Lelo[17] oder Funfactory[18]. Der Gedanke an die weichen, blütenförmigen Rillen oder den Schwung der Welle macht mich genauso an wie das Geräusch eines Stiftes, der über weißes Papier gleitet. Und da sich Sexualität hauptsächlich im Kopf abspielt und viel mit Fantasie zu tun hat, wundert mich diese Verbindung zwischen Erotik und Schreiben nicht. Mein größtes Sexualorgan ist mein Kopf, und den nutze ich auch fürs Schreiben.

Dennoch hält mich viel zu oft irgendetwas von diesem Rausch ab. Häufig habe ich Ausreden parat. Wenn ich viel Zeit habe, lege ich los! Sobald aufgeräumt ist! Wenn ich in der richtigen Stimmung bin, wird es passieren. Es gibt so viele Gelegenheiten, da muss ich doch nicht ausgerechnet jetzt, wo es noch so viel zu tun gibt. Die Liste lässt sich ewig fortsetzen.
Doch wenn Sie auf diese Art herangehen, fürchte ich, dass Sie es ewig aufschieben werden – und das gilt sowohl für das Schreiben als auch für die Erotik. Aus Lust wird Frust. Auch in dieser Beziehung gibt es nämlich erstaunliche Parallelen zwischen Schreiben und Sex. Auf die richtige Stimmung zu warten, ist nicht hilfreich. Denn es gibt immer noch anderes zu erledigen, so lange, bis man gestresst oder einfach nur noch erschöpft ist. Um dieser Falle zu entgehen, trickse ich mich einfach aus: Ich belohne mich mit Dessous, mit ansprechenden Schreibheften, suche ungewöhnliche Orte auf, egal ob zum Schreiben oder zum Lieben. Aber vor allem versuche ich beides ganz natürlich in mein Leben zu integrieren und finde Augenblicke des Genusses im Alltag. Nur zehn Minuten, sage ich mir. Vielleicht wird dann eine Stunde voller Lust daraus. Das ist das ganze Geheimnis. Warten Sie nicht länger auf den richtigen Moment, tun Sie es einfach!

Gedichte voller Erotik

„Nehmen Sie einen Gedichtband. Schlagen Sie eine beliebige Seite auf, wählen eine Zeile aus, notieren sich diese und beginnen damit. Es ist leichter, mit einer brillanten Zeile zu beginnen. Jedes Mal, wenn Sie festhängen, wiederholen Sie die erste Zeile erneut und machen weiter. Die Wiederholung der ersten Zeile gibt Ihnen die Chance zu einem ganz neuen Anfang, der in eine vollkommen andere Richtung führen kann." Diese Übung stammt von Natalie Goldberg[19]. So wie der erste Satz für den Leser wichtig ist, um den Sog aufzubauen, ihn in das Buch hineinzuziehen, so lädt er auch den Schreiber ein, einen Raum der Fantasie zu betreten und seine

Geschichte oder sein Gedicht zu schreiben.
In meinem Notizbuch, das ich immer bei mir trage, halte ich solche Sätze fest, Sätze, von denen ich glaube, dass sie ein Türöffner sind. Vielleicht ist das auch eine gute Idee für Sie.
Für diese Übung kann ich den Band von Reclam *50 erotische Gedichte* empfehlen oder *Liederlich! Die lüsterne Lyrik der Deutschen*, Eichborn Berlin. Die Besprechung des Buches und zehn Gedichte aus dem Band finden Sie hier[20].
Und wenn Sie ein erregend schönes Gedicht gefunden haben, dann lesen Sie es doch laut vor, am besten Ihrem Partner als Vorspiel für das Liebesspiel. So manche poetische Metapher eines Dichters ist als sexuelle Inspiration geeignet.

Entspann dich und schreibe los …

Wie ich bei dir gelegen
Habe im Bett, weißt du es noch?
(**Ferngruß von Bett zu Bett** – Joachim Ringelnatz)

Ich wollte, ich wäre ein Malzbonbon
Und du, du würdest mich lutschen.
(**Offener Antrag auf der Straße** – Joachim Ringelnatz)

Komm wie ein Cello zwischen meine Knie
(**Nachtgesang des Kammervirtuosen** – Erich Kästner)

Doch schau ihm nicht beim Ficken ins Gesicht
(**Über die Verführung von Engeln** – Bertolt Brecht)

Mein Geschlecht zittert wie ein Vögelchen
(**Mein Geschlecht zittert** – Hilde Domin)

Ein Mädchen in schwarzen Strümpfen
(**Einfaches Bild** – Rolf Dieter Brinkmann)

Und ich sah auch an deinem offenen Haar, roch, daß etwas anders war
(**Actaeon** – Raoul Schrott)

Ich weiß es doch, dein Shirt war grün. Und blau mit irgendwelchen Ranken
(**Liebesanfang** – Dirk von Petersdorff)

Wählen Sie eine der Gedichtzeilen aus, notieren Sie die Zeile und beginnen Sie. Wenn Sie festhängen, wiederholen Sie die erste Zeile und machen weiter. Wählen Sie auch einmal eine Zeile, deren Ton Ihnen fremd ist. Gerade die kurze Form ist gut geeignet, mit verschiedenen Stimmungsfärbungen zu spielen. Deshalb sind die Zeilen bewusst sehr unterschiedlich gewählt. Die einen sprechen in nackten Tatsachen, die anderen in nebulösen Andeutungen, sodass Sie mal obszön, drastisch, schamlos oder in einem romantischen, zarten Ton schreiben können. Die menschliche Lust hat viele Aspekte, suchen Sie Ihren Ton, überraschen Sie sich selbst.

Abhängigkeit

Wie ich bei dir gelegen habe
im Bett, weißt du es noch?
Atemlos darauf wartend,
begierig, dich zu küssen,
deine Haut zu spüren,
deine Lippen überall.
Mit jeder Zelle meines Körpers
deine Worte
aufnehmen, in meinem Ohr.
Der Rausch ist vorbei
und ich frage mich:
Wie ich bei dir lag,
wie es war,
weißt du das eigentlich noch?

High Heels

Eine junge Frau und ich standen nebeneinander vor dem Schaufenster eines Stuttgarter Schuhgeschäftes und betrachteten Schuhe von Jimmy Choo, die mit Pailletten verziert waren und eine Absatzhöhe von geschätzten zwölf Zentimetern hatten. Sie kopfschüttelnd, ich begehrend. Mit diesen Schuhen könne sie gleich im Rotlichtviertel spazieren gehen, meinte sie. In solchen High Heels würde sie sich kaum von den Damen dort unterscheiden. Wer bitte sähe, dass dieses Modell von Jimmy Choo sei und 500 Euro kosten würde, und überhaupt mache das keinen Unterschied. Ich hingegen dachte an den High-Heels-Workshop, den ich absolviert hatte, um sicher und leicht auf solch kunstvollen Objekten schweben zu können. Schon an dieser kleinen Begegnung kann man sehen, welche Bedeutung hochhackige Schuhe haben. Die einen hassen sie – die anderen lieben sie. Denn sie sind mehr als eine Fußbekleidung, mehr als Mode, sie sind schon immer mit der Kulturgeschichte der Weiblichkeit verknüpft. Sie symbolisieren auf der einen Seite Status, Macht und Sex. Auf der anderen Seite deformieren sie Füße, schaffen Rückenleiden und schränken das Gehen und somit die Freiheit stark ein.

Die Formen lassen angeblich Rückschlüsse auf die Frau selbst zu. Elegante, zarte und feminine Modelle machen aus Aschenputtel eine Braut. Hohe Absätze, womöglich noch mit ausgefallener frivoler Silhouette, verwandeln Frau in eine *Femme fatale*. Ultra-Plateausohlen verzaubern sie in ein anbetungswürdiges Geschöpf, schwindelerregende Höhe erhebt sie zur Göttin. Trägerinnen von extremen Bleistiftabsätzen gelten als sexuell aktiv. So oder so kann die Trägerin die Aufmerksamkeit von Männern erregen. Je nach Modell und Marken wie Manolo Blahnik, Chloé oder Sergio Rossi gelten die Frauen als sinnlich und modern, besitzen eine gewisse Autorität bis hin zur Dominanz. Auch Männer, die sich gerne als Frauen zeigen, ob auf der Bühne in Transvestiten-Shows oder privat, tragen oft auffällige High Heels zur Betonung oder Übertreibung der Weiblichkeit.

Je höher der Schuh, desto erotischer ist seine Wirkung, denn die Höhe des Absatzes verändert den Gang, indem er schwingende Hüften fordert und ein anderes Tempo bedingt, um das Gleichgewicht zu halten. Er moduliert die Haltung, indem das Becken geneigt, der Po herausgestreckt, der Oberkörper stark betont wird. Extrem hohe Absätze sind nur noch bedingt zum Laufen gedacht,

ihr eigentlicher Zweck liegt in der Erzeugung eines erotischen Reizes. Schuhe werden so zum Fetischobjekt.
Es ist also nur ein schmaler Grat zwischen Überlegen- und Unterlegenheit. Es kommt auf den Kontext an, in dem sie getragen werden, ob sie als Symbol für weibliche Hörigkeit oder Macht gelten.
Doch denken Sie nicht nur an den visuellen und symbolischen Reiz der Schuhe, sondern auch an den akustischen. Den Klang von metallbeschlagenen Absätzen – auf Parkett, auf Pflaster, oder den Rhythmus beim Rennen, beim Schreiten.
Vergessen Sie nicht, es selbst auszuprobieren. Als Frau können Sie den Reiz direkt testen: Ziehen Sie ein Kostüm an, tragen Sie dazu *Fuck-me-Shoes*, schreiten Sie durch ein Restaurant, ziehen Sie die Blicke auf sich. Wie fühlt es sich an? Spüren Sie die Lust, begehrt zu werden? Merken Sie, was es mit Ihnen macht, dieses *Klack-Klack,* das Sie begleitet?
Tragen Sie rote Stilettos zur Röhrenjeans. Fühlen Sie, wie die Höhe der Absätze Ihre Beine verlängert, wie Ihre Beine hinaufführen zu Ihrer Vulva, wie sich der Hüftschwung auf Ihr Becken überträgt und Sie stimuliert. Ob Sara Jessika Parker wohl die körperliche Stimulans beim Bewegen auf hohen Schuhen meinte, als sie einmal feststellte: „Gute Schuhe sind purer Sex!"
Gehen Sie in ein Schuhgeschäft, probieren Sie Schuhe, auf die Designer wie Alexander McQueen die Ikonografie des Sadomasochismus übertragen haben. Wie verändert es Sie? Schreiben Sie es auf.

Aber auch als Mann können Sie Ähnliches versuchen. Nehmen Sie ein Paar Schuhe in die Hand, bohren Sie sich den Absatz in den Handrücken, streicheln Sie über das Leder. Ihrem Entdeckerdrang sind keine Grenzen gesetzt. Wenn Sie als Mann Lust haben, sich als Frau zu verkleiden: Scharfe Schuhe gibt es in jeder Größe, es liegt an Ihnen, wie weit Sie sich darauf einlassen.

Erzähl deine Geschichte …

Beginnen Sie mit dem Gedanken von Bette Middler: „Gib einem Mädchen die richtigen Schuhe, und sie wird die Welt erobern."

Welche Richtung nimmt der Weg Ihrer Heldin, wenn sie High Heels trägt?
Stolziert sie selbstbewusst darauf und ist sich ihrer Weiblichkeit bewusst?
Wird sie zum anlehnungsbedürftigen, hilflosen Weibchen?
Sind Stilettos ihre Waffen, die sie hart und grausam einsetzt, oder sind sie verführerische Spielzeuge und Ausdruck ihrer Sinnlichkeit?
Werden die Absätze zu einem Folterinstrument, das sich gegen sie richtet?
Oder macht sie Männer damit zu Sklaven?
Verwandelt sie sich darin in eine Sexgöttin oder in ein Flittchen?

Hotelsex – Bitte nicht stören

Ein Hotel gibt ein Versprechen. Vor allem, wenn es sich dabei um so bekannte Hotels wie das *Park Hyatt* in Tokio, das *Plaza Hotel* in New York, das *Ritz* in London oder das *Dorint* in München handelt. Es sind faszinierende Orte aufgrund ihrer Ausstattung, ihrer Geschichte und der Namen berühmter Gäste, die mit den großen Häusern verbunden sind. Mit dem Eintritt durch die Drehtür werden die Gäste der Alltagswelt enthoben. Der Traum von Luxus und Abenteuer kann kaum anschaulicher vorgeführt werden. Doch auch kleine Hotels, heruntergekommene Häuser und Hotels, deren Verfallsdatum schon lange überschritten ist, können Charme und Charakter haben. Je nach Wahl der Adresse bieten sie einen idealen Schauplatz für Geschichten. Unterschiedlichste Menschen aus den verschiedensten Kulturen treffen aufeinander, Liebesgeschichten beginnen oder enden dort, die verrücktesten Verwicklungen sind durch unerwartete Begegnungen möglich. Viele Romane nutzen diesen gesellschaftlichen Mikrokosmos.

Ein Ort für die Erotik sind sie allemal, bieten sie doch eine zeitlich begrenzte Flucht aus dem Alltag – hinein in einen Traum, für ein paar Stunden oder Tage. Ein Hotel ist ein idealer Ort, um sich nahe zu sein, um Zeit miteinander zu verbringen, eine Hochzeitsnacht oder eine Affäre zu feiern. Für die Recherche zu meinem Buch *Stell dir vor, ich bin deine heimliche Geliebte* traf ich mich mit Frauen, die sich von Escort-Agenturen als Begleitung für einen Abend oder eine Nacht an zahlungswillige Männer vermitteln lassen, in den Lobbys von Luxushotels. Für sie ist es ein häufiger Aufenthaltsort, da sie sich dort mit ihrer gut situierten Kundschaft treffen. Ihre Erlebnisse faszinierten mich, auch wenn ich wusste, sie bauten eine Scheinwelt auf. Das ist der Deal – auf beiden Seiten: Die Männer, die sich einen teuren Escort leisten, betrachten die Frauen als ihre Geliebten, die ihnen Wünsche erfüllen, die sie bei ihren Partnerinnen nicht anzusprechen wagen, und die Damen werden, während sie diese befriedigen, Teil der Glamourwelt.

Ein Hotelzimmer kann aber auch der langweiligste Ort der Welt sein. Zumindest war es das wohl für die Engländerin, die ich beim

Einchecken kennengelernt hatte. Sie erzählte mir, dass sie in den Flitterwochen sei. Wie es der Zufall wollte, hatte ich das Zimmer direkt neben ihrem. Nachts lag ich wach und lauschte, ob außer dem gedämpften Verkehrslärm der Stadt noch etwas anderes zu hören wäre. Ein leises Japsen kündigte an, dass es nun wohl so weit war. Ich lag still, aber außer einem kaum wahrnehmbaren Seufzen drang kein Geräusch mehr an mein Ohr.

Wähle drei Eindrücke und schreibe los …

Bewegen Sie sich weg vom Schreibtisch, setzen Sie sich in die Lobby eines Hotels und bestellen Sie sich ein Glas Weißwein. Tauchen Sie selbst in die Atmosphäre ein, in der sich Ihre Figuren bewegen. Beobachten Sie einfach die Besucher. Achten Sie auf das Geschehen um sich herum. Notieren Sie genau und ohne Vorurteile, was geschieht, was Sie sehen, riechen und hören.
Zurück am Schreibtisch suchen Sie sich drei Eindrücke aus diesem Umfeld aus und schreiben Sie einen kurzen Text. Stellen Sie sich die richtigen Fragen: Was kann mit einer Bedeutung unterlegt werden, die der Figur und der Atmosphäre dienlich ist?

Ich habe immer ein Notizbuch dabei und notiere mir kleine Dialoge, ein Bruchstück eines Gesprächs, eine flüchtige Szene, die ich beobachte, wer weiß, wann ich sie brauchen kann. Kürzlich las ich es durch und fand diese kleine Szene wieder:

Wieder warten, es war so gegen zehn Uhr am Morgen. Warten, ob meine Geduld oder meine Ungeduld die Oberhand gewinnen wird. Warten im diskreten Abstand zu dem Paar vor mir an der Rezeption. Er im teuren Anzug, sie mit schicker Handtasche. Ihr etwas zu schrilles Lachen machte mich hellhörig, doch das Gespräch mit dem Hotelangestellten war nicht zu verstehen. Aber dieser hob plötzlich den Kopf und rief zu seiner Chefin, die gerade die Blumen am Eingang dekorierte: „Wenn die Herrschaften das Zimmer nur bis Mittag brauchen, nehmen wir dann den vollen Zimmerpreis?"
Das Warten hatte sich gelohnt.

Humor gehört dazu

Das Spiel mit der Erotik, auch mit der dunklen Seite, verträgt sich ausgezeichnet mit Ironie und Witz. Unvergessen bleibt mir das Plüschdromedar, das die Werbeagentur McCann-Erickson für eine Anzeigenkampagne der Zigarettenmarke *Camel* entworfen hatte. Auf einem Motiv lag das Dromedar, mit Lippenstiftspuren übersät, lasziv auf einer Ottomane und grinste glücklich. Auf einem anderen stand es in Lackleder-Overknee-Stiefeln, mit Halsband und Augenmaske, in einem mit rotem Teppich ausgelegtem Verlies. Das Klischee der Domina wird dabei liebevoll karikiert, indem etwas zusammengebracht wird, was eigentlich nicht zusammengehört. Komik entsteht, weil der Adressat die Situation kennt, den spielerischen Umgang damit schätzt und entspannt mitlacht.
In meinem Buch *Die Nacht der Masken* erzählt Claudius eine Situation, die ihm im Gedächtnis geblieben ist: „Da fällt mir eine süße Geschichte ein, die sich auf der Nacht der Leidenschaft zugetragen hat. Ein Koch, der eigentlich zur Küche des Hotels gehörte,

hat sich spontan bei einer Sklavenauktion, die dort immer um Mitternacht stattfindet, versteigern lassen. Diese Sklavenauktionen sind sehr spannend, jeder kann dort seinen Partner oder seine Partnerin für verschiedene Dienste anbieten, die Gäste bieten mit Spielgeld. Die Sklavenbesitzer werden gefragt, für was die Sklaven denn zur Verfügung stehen, aber der Koch hatte ja keine Herrin. Also antwortete er selbst: ‚Ich mache alles.' Das ist eine sehr gefährliche Zusage, wenn man vor einem Raum voller Menschen mit den vielfältigsten abgründigen Neigungen steht. Ein Raunen ging durch die Zuschauer, aber dann kam der Nachsatz: ‚Aber bitte nichts Perverses.' Das Publikum im Saal fing an zu lachen, und der junge Koch ist dann von drei Mädels ersteigert worden, die ihm eine Nacht bereitet haben, die er wohl bis ins hohe Alter nicht vergessen wird."

Die überraschende Wendung in der Aussage des Koches von „ich mache alles" zu „aber bitte nichts Perverses" löste die Spannung auf, was wohl mit dem armen Koch geschehen würde, wenn er von einer Person ersteigert worden wäre, die es eher härter mag. Die Erleichterung ließ die Gäste lachen.

Humor und Sexualität treffen sich auch in dem Gedicht *Sie puppt mit Puppen* von Kurt Schwitters, indem es von der Norm abweicht, wie ein Kuss in der Regel beschrieben wird. Ich finde es so klasse, dass ich ein paar Zeilen daraus auswendig kenne:

Meine süße Puppe,
Mir ist alles schnuppe,
Wenn ich meine Schnauze
Auf die Deine – bauze.

Harem – ein Schauplatz der Fantasie

Das türkische Bad, Jean-Auguste-Dominique Ingres, 1863

Der Harem beflügelt schon seit Jahrhunderten die Fantasie der Menschen und somit auch die der Künstler. Man stellt sich vor, Frauen würden nackt miteinander baden und wären den ganzen Tag damit beschäftigt, sich für die Nacht mit dem Herrscher vorzubereiten. Die Realität sah höchstwahrscheinlich anders aus. Der Orientalismus diente wie die Mythologie oder die biblischen Geschichten als Vorwand, den weiblichen Akt darzustellen. Wie es im Orient tatsächlich zuging, konnten Maler und Literaten nur vermuten, also schufen sie Fantasieorte. Tatsächlich haben die wenigstens einen Sklavenmarkt besucht oder gar einen Blick in den Hamam eines Sultans geworfen. Gerade dieses Geheimnis, wie es wohl in einem orientalischen Bad zugegangen sein könnte, weckte ihr Interesse, und diese Form des Gemäldes *Le Bain Turc* von Jean Auguste Dominique Ingres – wie ein Blick durchs Schlüsselloch – bestätigt das. Der Reiz des Beobachtens verstärkt das Erotische, mehr dazu unter *Voyeurismus*.
Gebe ich *Erotischer Roman* und *Harem* als Suchworte bei Amazon ein, werden mir Titel wie *Spiele im Harem*, *Nächte im Harem* oder *Im Harem des Prinzen* vorgeschlagen. Kein Zweifel: Die Vorstellung vom Harem des Sultans übt bis heute eine starke Faszination aus. Keine Angst, Sie müssen diesen Schauplatz nicht persönlich

besuchen. Nicht immer ist es möglich und nötig, direkt vor Ort zu recherchieren und zu schreiben. Blättern Sie stattdessen in Bildbänden, gehen Sie in Museen, lassen Sie sich von Ihrer Fantasie an verschiedene Orte versetzen. Es gibt über beinahe jedes Thema fantastische Bildbände, zum Beispiel über Frankreichs mondäne Bordelle *Decors de Bordels* in den 20er Jahren[21].

Wage etwas, zensiere dich nicht …

Versuchen Sie einmal, absichtlich Klischees zu bedienen, toben Sie sich aus. Tragen Sie dick auf. Es ist viel leichter, als originell zu sein, doch wenn Sie so richtig übertreiben, werden Sie merken, wie viel Spaß das auch macht.
Nutzen Sie den ersten Impuls, egal ob den des Gemäldes von Jean Auguste Dominique Ingres, das im Musée du Louvre hängt, oder den ersten Satz:
„Im Harem tummelten sich üppige Weiber und apfelbrüstige Frauen, nackt schmiegten sie sich zärtlich aneinander …"

Juwelenraub im Harem

Im Harem tummelten sich üppige Weiber und apfelbrüstige Frauen, nackt schmiegten sie sich zärtlich aneinander. Und alle wurden sie bewacht von Aslan, dem schwarzen Eunuchen. Er hatte ein besonderes Auge auf Sophia, denn sie war auserwählt, den Goldenen Weg zu beschreiten, geschmückt und gesalbt, die eine zu sein für die Nacht mit dem Sultan. Mit bösen Blicken verfolgt von der Mutter des Sultans, gepiesackt und gedemütigt seit Tagen schon von den Favoritinnen und doch ausgesucht, den Weg zum Herrscher des Osmanischen Reiches zu nehmen, Stunden allein mit ihm in seiner Suite zu verbringen, das Plätschern des Brunnens zu vernehmen, das Feuer im Kamin knistern zu hören, während Unvorstellbares mit ihr geschehen würde.

Nach der Nacht würde sie in den Hof der Favoritinnen umziehen, würde sie aufsteigen zur Lieblingsfrau des Sultans, das war ihr Ziel. Geraubt aus Europa, war sie dem Herrscher zum Geschenk gemacht worden, seit zwei Jahren unbeachtet von ihm im Hof der Nichtfavoritinnen lebend, wollte sie die eine Nacht nutzen, Einfluss auf ihn zu gewinnen. Alle Frauen hier im Harem waren von ausgesuchter Schönheit, alle besaßen Bildung, es war nicht einfach gewesen, seine Blicke auf sich zu ziehen. Sie verdankte diese Gunst dem Moment, in dem sie den Sultan entdecken ließ, dass sie rote Haare hatte. Die Farbe hatte seine Aufmerksamkeit erregt, ansonsten wäre sie ihm aber zu dünn, hatten die anderen ihr geflüstert. Sophia wusste, nur wenn sie dem Mann eine besondere Überraschung bieten würde, konnte sie ihn für sich gewinnen. Dazu hatte sie das Risiko eines Diebstahls auf sich genommen und der Frau aus dem Kaukasus einen Edelstein aus der Kammer gestohlen, einen himmelblauen Aquamarin, der so groß wie ein Vogelei war. Tagelang gab es deshalb große Aufregung in den Galerien und Innenhöfen. Aslan war suchend durch die Säulenhalle gestreift, um die Diebin einzuschüchtern. Aber sie fürchtete ihn nicht, denn sie hielt das Ei wohl verwahrt. Auch als sie bemerkte, dass ihr Zimmer durchsucht worden war, dabei hatte sich Aslan, sie war sich sicher, dass er beauftragt worden war, Mühe gegeben. Die wenigen Leibchen, die sie besaß, waren kaum verschoben, aber sie bemerkte

doch die leichte Veränderung des Kleiderstapels. Das Ei blieb natürlich verschwunden, weil sie es an einem Ort versteckte, an dem es keiner vermuten würde – in ihrem Schatzkästlein.
Nur wenn sie in den Baderäumen nackt war, hatte sie Angst, dass sie es verlieren könnte. Aber sie hielt es fest und wunderte sich über die Wirkung, von der ihre Großmutter berichtet hatte, die als Hexe verbrannt worden war. Ihre Muskulatur wurde stark, und sie konnte das Ei tanzen lassen. Wenn sie es nachts hervorholte, war es mit einem klaren Sekret überzogen, das nach einer Blüte duftete, wie sie noch keine gerochen hatte. Wenn sie das Ei zurück in ihr Schatzkästlein schob, berührten ihre Fingerspitzen die Wände, die sich anfühlten, als seien sie mit kostbaren Stoffen ausgeschlagen, wie sie die Frauen nur an Festtagen trugen, wenn sie den Goldenen Weg entlanggingen und der Sultan ihnen Goldstücke zuwarf.
Heute würde sie den Goldenen Weg allein beschreiten, und am Ende des Ganges würde er in seiner Suite warten. Die Frauen hatten sie vorbereitet, hatten sie von den Achseln bis zur Scham mit heißem Wachs enthaart. Sie hatte darauf bestanden, einen kleinen, feurigen Busch stehen zu lassen. War es nicht gerade das rote Haar gewesen, das den Mann in ihm erregt hatte?
Auf dem Weg zum Sultan ließ sie das Ei tanzen und springen, es klopfte an ihre Wände, und ihre Hände flatterten. Sie freute sich auf das Staunen in seinen Augen, wenn er sie berührte und mit seinem Schlüssel das Schatzkästlein öffnete.

Inseln und andere Bühnen für die Fantasie

Wenn Sie gefragt werden, an welchen Sex Sie sich erinnern, ist er meist mit dem Ort verbunden, an dem er stattfand. Auch wenn wir uns an den Akt selbst vielleicht nur flüchtig erinnern, den Ort haben wir noch gut im Gedächtnis. Vergessen Sie deshalb nie, den Ort zu beschreiben, an dem Erotik entsteht oder Sex stattfindet. Er ist die Bühne für die Fantasie und von ähnlich großer Bedeutung wie die Charaktere. Eindringlich beschriebene Landschaften, Plätze und

Innenräume faszinieren den Leser ebenso wie Handlungen.
Eine Ihrer Fragen sollte dabei lauten: Was sieht die Figur? Erregt sie der Anblick einer Eisenbahnbrücke, weil sie sich vorstellt, auf den Schienen Sex zu haben, bis sie den näherkommenden Zug an der Vibration des Eisens fühlt? Beobachtet sie sich in der spiegelnden Oberfläche einer Motorhaube, weil sie sich in einem Parkhaus befindet? Ist es ein heiliger Ort? Für die Figur oder tatsächlich?
Interessanterweise sind Orte, an denen Sex verboten ist, wie in einer Kirche, in einem Flugzeug oder einer Bibliothek, ein großartiges Stimulans. Denn die Aufregung steigert sich durch das Ausleben der Begierde an einem solchen Ort, an dem die Gefahr der Entdeckung droht, die unter Umständen unangenehme Folgen haben kann. Meist ist auch noch die Zeit limitiert.
Überlegen Sie weiter: Sind mit diesem Ort bestimmte Bedingungen verbunden? Kälte, Hitze, Lärm oder Ruhe? Wenn der Sex im Freien stattfindet, kommen wetterbedingte Umstände hinzu. Bestimmte Berührungen werden bei eisiger Kälte unmöglich, Streicheln geht nur mit Handschuhen oder nur zeitweise. Es ist schwieriger herauszufinden, wo sich der andere gerade befindet. Bebt sein Körper vor Lust oder ist es ein Schüttelfrost? Bei Hitze gibt es viel Haut zu fühlen, Schweiß fließt, die Augen werden von der Helligkeit der Sonne geblendet.
Aufregendere Orte für Erotik als das Bett finden Sie überall. Für die Besucher der *Nacht der Masken* ist das Schloss, auf dem das Fest stattfindet, äußerst wichtig. Die SMler nutzen den Gewölbekeller, um in ihre Fantasiewelt einzutauchen, andere motivieren die herrschaftlichen Säle zum Rollenspiel. Denken Sie an die Luxusbordelle Anfang des 20. Jahrhunderts in Paris, in denen Themenzimmer existierten, oder an die Love Hotels des 21. Jahrhunderts, die dies ebenso halten. Denken Sie an Reitställe, an Diskotheken, an Strände, ans Büro. Auch der Leser will in die Welt eintauchen, in der die Handlung stattfindet. Besuchen Sie die Orte, an denen die Szenen spielen könnten: Tiefgarage, Aufzug, Friedhof, ein verwunschener Garten, eine Sauna. Nehmen Sie eine Kamera mit. Auf einem Foto sind auch im Nachhinein noch Details zu entdecken, die einem vielleicht entgangen sind.

Der Ort ist unter Umständen auch eine Metapher für den seelischen Zustand der Figuren, die sich vielleicht am schlimmsten Ort befinden, aber für sie bedeutet er eine Insel.
Nicht nur für Romanfiguren ist es anregend, ab und zu den Ort zu wechseln. In dem Buch *Lange lieben: Gespräche (geführt von Babett Taenzer und Claudia Gehrke)* teilen Menschen ihre Liebes- und Lebenskonzepte mit und wie sie es schaffen, ihre erotische Anziehung zu erhalten. Daraus stammt das Zitat von Sabrina (48), die seit Langem mit ihrer Freundin zusammenlebt: „Und dann treffen wir uns in einer Bar, als wären wir einander fremd. Flirten miteinander, machen uns bekannt und gehen anschließend ins Hotel oder zelten auf einem Campingplatz in der Nähe. Das animiert zum Sex. Erotik beginnt nicht erst mit dem Miteinander-Schlafen, sondern im Davor. Es ist einfach cool, weil du nicht zu Hause bist, sondern in einem Hotel, auch wenn es in der eigenen Stadt ist.
Um uns Wünsche mitzuteilen, schreiben wir uns Zettel mit fünf – oder zehn – Sachen, die wir zusammen machen wollen. Da kann stehen: Auf Koffermatratzen im Wohnzimmer schlafen. Das machen wir dann. So etwas finde ich schön, auch ein wenig albern, auf alle Fälle witzig und definitiv erotisch. Dieser Mix aus Zeltlager, Woanders-Schlafen und Sex. Auf dem Zettel stand einmal auch: Wir nehmen uns einen Mietwagen und fahren los. An jeder Kreuzung sagt je die andere, wo es weitergeht. Das sind so Sachen, die finden wir beide sexy. Ein Mix aus Abenteuer und Lust."

Jeder kennt seine Insel, die meist im privaten Umfeld zu finden ist, doch gibt es auch öffentliche Inseln der Lust. Beim German Fetisch Ball[23] in Berlin tanzen BDSMler und Fetischfreunde in glamourösen, schrillen und sexy Outfits. Goths, Neofolks, Steampunks und Manga-Anhänger sind beim Wave-Gotik-Treffen und wandeln in fantasievollen Kostümen durch Leipzig[24]. Auch in diversen Clubs wie dem *Insomnia* in Berlin oder dem *KitCatClub* kann man öffentliche Inseln finden.

Sei genau …

Wenn das Bett der langweiligste Ort der Welt für Sex ist, welcher ist Ihrer Meinung nach der spannendste? Sind Sie dafür schon einmal nachts ins Schwimmbad eingebrochen? War es ein Mehrbettzimmer, in dem Sie beim Sex ganz leise waren, um die anderen nicht aufmerksam werden zu lassen? War es eine rasende Fahrt über die Autobahn, bei der Sie den Kopf tief unten hielten, oder das schaukelnde Ruderboot auf einem Bergsee?
Suchen Sie den Ort, der für Ihre Figur bedeutsam ist.
Schreiben Sie ein paar Stichworte auf, die den Ort für den Leser lebendig machen. Fragen Sie sich, ob Sie dabei wirklich präzise und spezifisch sind oder ob Sie in Klischees stecken bleiben. Zeigen Sie dem Leser das Besondere des Ortes. Was schmeckt, riecht, fühlt Ihre Figur an diesem Ort? Was soll der Leser empfinden?

Die Bar

*Ich suche sie in jeder Stadt.
Der Mann im schwarzen Anzug,
seine Haltung schützt die Tür.
Schwingt sie auf für mich,
trete ich ein,
so beschützt er auch mich,
für einen Moment.*

*Gedämpftes Licht.
Flaschen leuchten
rot grün pink blau weiß.
Wie Schmuckstücke,
kostbar und schön,
wird das Verderben ausgestellt.*

*Das Lächeln des Barkeepers,
ein Welcome,
fremdes Parfüm,
Sprachfetzen und Lachen.*

*Minze und Zitrone,
in einem Berg von Eis,
baden in Wodka,
die Farbe sehr grün.*

*Dort beobachte ich dich,
mitten drin und doch für mich.
Unerwartet ein Blick von dir,
die Farbe des Flirts ist heiß.*

Intimschmuck – Die Abweichung macht es besonders

Da war diese Foto in der Ausstellung, dieses eine, das mich faszinierte, das mir einen weiblichen Akt zeigte, der sich von allen anderen unterschied, weil ein ungewöhnliches Piercing ihre Brust schmückte oder zeichnete, je nach Standpunkt. Dadurch bekam das Foto den besonderen Reiz und unterschied sich von all den anderen Fotografien von Frauen mit nackten Brüsten. Falls Sie sich nicht gleich ein Piercing stechen lassen möchten, dann versuchen Sie es doch erst einmal mit diesen Schmucksteinen von *Petits Joujoux*[22].

So wie das Auge auf einen speziellen Reiz reagiert, so entzündet sich die Aufmerksamkeit des Lesers an einem Detail, das ihn überrascht, ihn motiviert weiterzulesen. Es muss sich nicht um eine sexuelle Vorliebe handeln, es kann alles Mögliche sein, ein Tick, ein Geruch, ein Ton oder ein körperliches Merkmal. In dem Roman *Eine iranische Liebesgeschichte* lenkt der Autor Sahriar Mandanipur die Aufmerksamkeit des Lesers auf die Wolken. Allein durch die Beobachtung der Wolken war der Leser an der Sexszene beteiligt. In einer Erzählung von mir ist der Mann tätowiert und die Frau richtet ihr Augenmerk nur auf die Schlange.
Neulich saß ich nach einer Theateraufführung im Restaurant und ließ meinen Blick schweifen. Nirgends blieb er hängen, so sehr ähnelten sich die Gäste. Eine Frau, Anfang 40, elegant gekleidet, dezent geschminkt, wie es sich für einen Theaterbesuch in einer mittleren Großstadt gehört, unterschied sich beim flüchtigen Hinsehen kaum von den anderen. Doch ein Detail stach heraus: Sie saß mit gerade so weit gespreizten Beinen auf ihrem Stuhl, dass ich zwischen ihren Schenkeln den roten Stoff ihres Slips erspähte. Ich konnte nicht anders, ich sah immer wieder hin. Der Gegensatz zwischen ihrem ansonsten tadellosen Äußeren und ihrer schamlosen Haltung faszinierte mich. Einmal dachte ich, sie würde es bemerken und die Beine schließen, aber das tat sie nicht. Dieses winzige Stückchen Stoff entfachte meine Fantasie mehr, als wenn ich sie nackt gesehen hätte. Ich dachte immer wieder über die Frau nach, ob sie es mit Absicht getan hatte, ob sie Blicke provozieren

© Petite Joujoux / Gloria

wollte oder ob der Einblick nur für mich gedacht gewesen war. Finden Sie solche Details, zeigen Sie uns einen überraschenden oder ungewöhnlichen Aspekt, und Ihre erotische Szene bleibt im Gedächtnis.

Idole – ich kann ins Bett, mit wem ich will

In der Intimität meiner Gedanken kann ich schlafen, mit wem ich will, unabhängig davon, wer gerade auf, neben oder unter mir liegt. Laut einer Befragung des Psychologen Brett Kahr, an der sich im Jahr 2007 19.000 britische Männer und Frauen beteiligten, denkt fast die Hälfte von uns *dabei* nicht an den eigenen Partner. Ein Teil der Träume bezieht sich auf bestimmte Berufsgruppen, den starken Helden in Uniform, Autoritätspersonen oder die umsorgende Krankenschwester. Über 25 Prozent träumen jedoch von berühmten Persönlichkeiten. Also keine Hemmungen! Schon mit George Cloony oder dem jungen Banderas im Bett gewesen? Wer träumt von Marilyn, wer von Kate Perry? Die Idole der Zeit, in der wir aufgewachsen sind, prägen uns, schleichen sich in unsere Fantasie und bestimmen unsere Wünsche mit. Aber auch die Fantasien anderer, denen wir in Büchern und Filmen begegnet sind. Manche begleiten uns ein Leben lang, andere verändern sich mit dem Alter.

An der Schwelle zur Jugendlichen liebte ich Winnetou, und in meinen erotischen Träumen ritt ich, verkleidet als Junge, mit ihm durch die Prärie. Bei einem Bad im Fluss ließ ich ihn entdecken, dass ich eine junge Frau war. Mitte der Achtziger war es der *Highlander* – es konnte nur den einen für mich geben. Dem Unsterblichen wollte ich begegnen und mit ihm eine Affäre beginnen. Mir diese in allen Facetten vorzustellen, hat mich viele Nächte unterhalten, bis ich dann doch lieber in die Arme von Johnny, dem Tanzlehrer aus *Dirty Dancing* fiel. Besonders fasziniert hatte mich auch die Kriegerin Zula, gespielt von Grace Jones in *Conan, der Zerstörer*, und die Freibeuterin Morgan Adams aus *Die Piratenbraut*. Ich bin sehr flexibel, was das Geschlecht meiner Fantasiepartner angeht.

Ich hoffe, die kleine Zeitreise durch meine Traumgeliebten erinnert Sie an Ihre und es kribbelt in Ihrem Bauch und die Schreibhand juckt, sodass Sie gleich loserzählen möchten, mit wem Sie schon leidenschaftliche Nächte verbracht haben.
Nicht alles, worüber Sie schreiben, müssen Sie auch erlebt haben. Niemand fragt einen Krimiautor, ob er auch all die Morde begangen hat, die er beschreibt. Also seien Sie mutig, lassen Sie sich wieder auf dieses Spiel Ihrer Jugend ein, träumen und schreiben Sie. Wichtig dabei ist nur, dass Sie die Gefühle nachempfinden können und es so in Sprache umsetzen, dass sie auch der Leser nachfühlen kann.

Achte nicht auf Grammatik, Rechtschreibung oder Zeichensetzung …

Welches waren Ihre Sexidole? Achten Sie nicht auf Grammatik, Zeichensetzung oder Rechtschreibung, spüren Sie nur den Träumen nach …

Jesus war auch ein Mann

In der erotischen Kunst gibt es seit Jahrhunderten eine Asymmetrie in der Darstellung der Geschlechter. Die meisten Akte zeigen Frauen, und entsprechend häufig beschäftigen sich die meisten Ausstellungen lieber mit der unbekleideten Frau als dem nackten Mann. Dabei gibt es ihn, auch mit sichtbarem Penis, schon im antiken Griechenland, dem Geburtsort des schönen männlichen Körperideals. Ausgestellt werden sie selten, angeblich, weil das Interesse daran nicht so groß sei. Wie freute ich mich, als sich im Jahr 2013 gleich zwei Ausstellungen mit dem Männerkörper beschäftigten[25]. Endlich eine Gegendarstellung zu all den weiblichen Akten, die unter religiösem Vorwand gemalt wurden, wie Susanna, die junge, hübsche Frau eines Richters, die seit Jahrhunderten von zwei lüsternen Alten beim Baden beobachtet wird. Wie Judith, die keusche, schöne Witwe, wie sie den volltrunkenen Holofernes tötet, wie Lot mit seinen lasterhaften Töchtern, wie die Sünderin Maria Magdalena: Alles biblische Motive, die vielfach genutzt wurden, um den weiblichen Körper nackt darzustellen. Auch der Mann war viele Jahrhunderte nur als christlicher Märtyrer oder mythologische Figur darstellbar. Als Mann, der begehrt wird, eher weniger.
Ich habe gelesen, dass der Mann aus dem Bild verdrängt wurde, da er für den Geist stehe und somit nicht darstellbar sei, während das Weib für die Natur stehe und ihr die Rolle des Körperlichen

©J de Jonge, Mein heimliches Auge XXIX

zugedacht sei. Ihr Körper ist Sinnlichkeit. Der Mann begehrt, selbst gibt er sich nicht den Blicken preis. Die Frau war das Objekt und der Mann das Subjekt.
Gut, dass sich solche Zuschreibungen auflösen und heute auch mit männlichen Akten nicht mehr allein das schwule Schauen, sondern auch das weibliche vortrefflich befriedigt wird und Fantasien ausgelöst werden. Die Frage ist erlaubt, ob es nun einfach mehr männliche Hintern zu sehen gibt oder es sich auch inhaltlich um einen neuen Blick handelt. Ein Zitat von der Fotografin Bettina Rheims zur Darstellungen von Frauen in der Kunst lässt vermuten, dass Frauen Erotik anders darstellen: „Ich bin eine Frau, ich bin auch Feministin. Ich mache Fotos mit Frauen und für Frauen. Nie würde ich meine Modelle zu etwas zwingen, von dem ich nicht wollte, dass man es mit mir täte. Mein Blick auf Frauen ist nicht voyeuristisch und nicht männlich. Es sind übrigens vor allem Frauen, die meine Bilder mögen. Vermutlich, weil auf ihnen das Sexuelle verbunden ist mit Vergnügen und nicht mit Schmerz wie sonst oft in der Kunst."[26]
Nicht nur in der Kunst, sondern auch in der Werbung wird die männliche aggressive Gewalt gegenüber der Frau als lustvoll inszeniert. Ich erinnere da nur an die Anzeige der Modemacher *Dolce & Gabbana*, in der eine Frau von einem Mann mit nacktem Oberkörper zu Boden gedrückt wird, während drei Männer zuschauen. Die voyeuristische, sexuell aufgeladene Szene zeigt eine einseitige Gefahr anstelle von Ekstase, Glück oder Rausch für beide.
Angeblich lassen sich Frauen lieber von Literatur als von Bildern anregen, vielleicht, weil dort der Fantasie mehr Raum gelassen wird. Gibt es auch eine weibliche Leselust, eine weibliche Schreiblust in Bezug auf Erotik? Und welche Rolle darf die Frau in der Sexualität spielen? Im Bestseller *Shades of Grey* der britischen Autorin E. L. James liefert sich die unerfahrene Studentin Anastasia Steele dem jungen, erfolgreichen, dominant veranlagten Unternehmer und Milliardär Christian Grey aus. Die masochistische Frau ist eine anerkannte Rolle, die hier erfolgreich bedient wird. Doch was passiert, wenn die Frau traditionelle Muster aufbricht, die geschlechtsspezifischen Zuordnungen von Passivität verlässt und zu einer Handelnden wird? Wird weibliche aggressive Sexualität

ebenfalls als lustvoll gesehen, oder ruft sie eher Ablehnung statt Erregung hervor? Wird diese Frau dann dämonisiert, wie in der Kunst oft genug geschehen, weil damit den männlichen und anscheinend auch weiblichen Fantasien widersprochen wird? Ich denke da an *Die Sünde*[27] von Franz Stuck, die Frau ist schön und wirkt gleichzeitig unheilvoll, die Schlange verkündet Verderben.
In der Literatur kennt man die Femme Fatale als Frau ohne Moral, aber körperlich äußerst attraktiv, die die Männer lockt, verführt und ins Verderben stürzt. Im realen Leben wird eine Frau, die sexuell provoziert, selbstbewusst und stark auftritt, entweder als Schlampe bezeichnet, die es mit jedem treibt, oder auf die Therapeutencouch verwiesen, denn so eine kann nur einsam und irgendwie nicht in Ordnung sein.
Ich warte noch auf den Gegenentwurf zu *Fifty Shades of Grey* – eine Protagonistin, die sexuelle Macht lustvoll und witzig, aber dominant inszeniert. So einem Roman wünsche ich ebenfalls Bestseller-Status. Und auf lesbische, schwule und bisexuelle Variationen.

Notiere deine Gedanken dazu …

Julia, eine biografische Figur

„Die Werke eines Menschen widerspiegeln oft die Geschichte seiner Sehnsüchte oder seiner Versuchungen, doch fast nie seine eigene Geschichte, vor allem dann nicht, wenn sie autobiographisch zu sein behaupten. Kein Mensch hat je gewagt, sich so darzustellen, wie er wirklich ist." Dieses Zitat stammt von dem französischen Schriftsteller und Philosophen Albert Camus.
Dennoch schöpfen wir beim Schreiben aus unserer eigenen Vergangenheit. Ich bin mir sicher, dass jede/r schon Erlebnisse hatte, die sie oder er tief in seinen Erinnerungen vergraben hat. So lautet diese Schreibaufgabe schlicht und einfach:
Suchen Sie in Ihrer Vergangenheit nach einem erotischen Erlebnis, das Sie noch nie jemandem erzählt haben. Wahrscheinlich werden Sie selbst überrascht sein, was Sie wiederentdecken. Seien Sie gespannt. Versuchen Sie, Ihren eigenen Zensor zu umgehen. Beginnen Sie einfach mit dem Satz: „Ich erinnere mich." Schauen Sie, wohin dieser Anfang Sie führt. Diese einfache Übung, mit der Wiederholung des Satzanfangs „ich erinnere mich", wird Ihnen helfen, den einen oder anderen vergessen geglaubten Moment zurück ins Bewusstsein zu holen.

Ich erinnere mich an die Hosen meiner Lehrerin, die so eng waren, dass sich ihre Schamlippen abzeichneten.
Ich erinnere mich, wie Anna und ich uns unter einer Weide ausgezogen haben und ich die Brüste von Anna nicht mehr aus dem Kopf bekam.
Ich erinnere mich, dass ich Barbie und Ken aufeinandergelegt und Fotos davon gemacht habe.
Ich erinnere mich an eine Tätowierung auf dem Arm eines Schaustellers und wie ich ihm in seinen Wohnwagen folgte.
Ich erinnere mich an ein Bild von Helmut Newton: eine Frau mit einer Waffe im Mund.
Ich erinnere mich an die Overknee-Stiefel mit kleinen Knöpfen meiner Tante, die geschminkt war wie die Prostituierten aus dem Rotlichtviertel.

Entspann dich und schreibe los …

Schreiben Sie eine DIN-A4-Seite (oder auch zwei) voller spontaner Erinnerungen.
Nutzen Sie als Schreibimpuls die drei Wörter „Ich erinnere mich …" Wiederholen Sie die drei Wörter, so oft Sie möchten.
Wenn Sie eine Erinnerung gefunden haben, fiktionalisieren Sie diese, verändern Sie die Realität. Der Kern einer Geschichte mag ihren Ursprung in der realen Welt haben, aber das bloße Abbilden dieser realen Welt reicht nicht aus.
Folgen Sie dem Rat von James N. Frey aus *Wie man einen verdammt guten Roman schreibt*. Er schreibt, dass die fiktionale Figur sich vom realen Menschen unterscheiden muss: „Ein Grund dafür ist, daß Leser lieber vom Außergewöhnlichen lesen als vom Alltäglichen. Leser verlangen, daß *homo fictus* schöner oder häßlicher, rüder oder vornehmer, rachsüchtiger oder barmherziger, tapferer oder feiger usw. ist als wirkliche Menschen." Jedes der Gefühle, die eine Figur hat, muss eindeutig und außergewöhnlich sein: sie kämpft mehr, liebt mehr, reist mehr oder hat, wenn sie Sex hat, eben mehr davon.

Julia

Julia war eine Frau, wie ich gern werden wollte. Frech, selbstbewusst, mit schlanken Beinen, die sie mit Vorliebe, auch im Sommer, in braune Lederstiefel steckte. Sie war gegen alles, was Frauen zu Sexobjekten von Männern machte, Jazztanz, Schminke und BHs, sodass sich ihre Nippel durch den Stoff ihrer T-Shirts abzeichneten. Ihr Freund Reinhardt war schon ein Mann der neuen Männergeneration, ein emanzipierter. Ich war gerade achtzehn geworden und verliebt in Reinhardt, dachte ich zumindest. Die Aufregung, wenn ich mit beiden zusammen war, konnte nur daran liegen. Erst später verstand ich, dass sie eigentlich aus einem anderen Begehren herrührte. Klar, Reinhardt war faszinierend anders mit seinen verständnisvollen Augen und mit seinen sechsundzwanzig Jahren schon ein richtiger Mann. Eigentlich waren beide viel zu alt für mich, Julia war achtundzwanzig. Andererseits fand ich das aufregend, Beziehungen, in denen die Frau älter war, kannte ich nicht. Und Pärchen, die eine so offensichtliche Erotik ausstrahlten, schon gar nicht. Dennoch, wenn Reinhardt mit mir flirtete, und das tat er eindeutig, lud mich sogar ein, ihn nach Hause zu begleiten, lehnte ich das aus Solidarität Julia gegenüber ab. Aber er ließ nicht locker, und einmal, als er erwähnte, dass Julia auch da sein würde, folgte ich ihm in seine Wohnung. Ich ahnte nicht, dass sich die beiden das so ausgedacht hatten, damit Julia mich haben konnte. Aber als ich sie dort antraf, in ihren Stiefeln und dem kurzen Rock, mit ihrem Lachen, dämmerte mir langsam, dass ich sie küssen wollte. Reinhardt wusste, dass es eigentlich nicht um ihn ging, und hielt sich im Hintergrund. Aber zwei Frauen im Liebesspiel zu beobachten, war für ihn sicher schön gewesen.

Ja, ich will

Ja, ich will. Der erste Schritt, um Schriftsteller zu sein, ist zu schreiben. Beginnen Sie einfach. Sagen Sie: Ja, ich schreibe, ich bin Schriftsteller. Es ist Ihre Entscheidung. Entscheiden Sie sich zu

schreiben, weil es Ihre Leidenschaft ist, nicht, weil Sie veröffentlicht werden möchten. Es sollte Ihnen um die Liebe zu Geschichten, um die Begeisterung für Sprache gehen, nicht um das Endprodukt Buch. Wagen Sie beim Schreiben etwas, probieren Sie Neues und Ungewohntes, spielen Sie.
Klingt so, als wäre der letzte Satz aus einem Ratgeber für guten Sex? Ja, dort könnte er auch stehen, denn mit der Sexualität ist es ähnlich. Bekennen Sie sich dazu, ein sinnlicher Mensch zu sein. Sagen Sie: Ja, ich will. Es geht um das Fühlen, das Mitschwingen, den Rhythmus, nicht nur um den Orgasmus, die heißen Dessous, die High Heels, das laute Stöhnen. Es geht um das erotische Bekenntnis, das Begehren und darum, mit Leidenschaft und Liebe dabei zu sein. Es geht um das Riskieren und um das Ausprobieren. Es geht auch um das Investieren von Zeit, von viel Zeit, aber es lohnt sich. Schreiben und Sex sind niemals Zeitverschwendung.

Jungfrau oder Jüngling

Das große Wunder des *Ersten Mals* ist ein tolles Motiv für eine erotische Szene. Es ist geeignet für Fallstricke, absurde Vorstellungen, tragische Ausgänge, kann dazu dienen, sonderbares Verhalten der Protagonisten zu erklären und vieles mehr. Es beinhaltet viel Konfliktstoff, vor allem bei zwei gegensätzlichen Protagonisten. Weil beim ersten Mal der Körper in Reaktion mit einem anderen Körper Sexualität erlebt, werden die Figuren der Funktionalität, dem Aussehen, den unbekannten Geräuschen, dem Schweiß, der Haut und den Reaktionen darauf viel Aufmerksamkeit widmen. Egal ob der Akt überraschend, an einem nicht vertrauten Ort, in einer von Entdeckung gefährdeten Umgebung stattfindet oder lang vorbereitet in einer besonders angenehmen Atmosphäre, die Beteiligten werden sich in einer außergewöhnlichen Gefühlslage befinden.
Oft weichen die Vorstellungen, die man sich vom ersten Mal machte, und das tatsächliche Geschehen stark voneinander ab. Waren die Ängste von jungen Frauen früher von dem Verlust der Jungfräulichkeit und Schwangerschaft geprägt, sind sie heute oft

ganz anderer Art. Vorstellungen von Sex beziehen (nicht nur) junge Menschen gleichzeitig aus romantischen Filmen und aus Pornos, dummerweise haben beide Genres mit der Wirklichkeit wenig zu tun. Der Wunsch nach der Perfektion des Körpers und Leistungsdruck erschweren den Moment zusätzlich. Das Erspüren des eigenen Körpers muss erst noch gelernt werden. Scham, Hemmungen und Versagensängste lenken ab.

Elisabeth Benedict, deren Sachbuch *Erotik schreiben* als Standardwerk gelten kann, zeigt an vielen Beispielen aus der Literatur, wie glaubwürdige erotische Szenen gelingen. Sie gibt zu bedenken, dass, vor allem bei verbotener Sexualität zwischen den Protagonisten, „das erste Mal möglicherweise komplexe Elemente der Angst, Schuld, Scham, Rebellion, Erleichterung oder Befreiung enthalten sind."

Gerade beim ersten Mal kann jeder gut aus seiner Biografie schöpfen. Es liefert einen Pool an verwirrenden Gefühlen. Es ist ein intensives Erlebnis, das einen lange prägt, egal ob es befriedigend ist, es einen eher ratlos fragen lässt, ob das alles war, oder ob es desaströs endet.

Wage etwas, zensiere dich nicht …

Versuchen Sie, sich an Ihr erstes Mal zu erinnern, und Sie werden feststellen, mit wie vielen Überlegungen zur Technik es behaftet war. Die Frage nach der Herangehensweise und die Angst zu versagen werden höchstwahrscheinlich viel Raum eingenommen haben. Der Akt selbst ist einem vielleicht nur noch vage und verschwommen im Gedächtnis. Aber die näheren Umstände wie die Matratze, auf der die Vereinigung stattfand, oder andere Details, die mit dem Koitus nur am Rande zu tun haben, sind oft noch präsent. Nutzen Sie die eigene Erfahrung für die Ausgestaltung der Szene. Unter dem Stichwort *Insel* finden Sie mehr über die Bedeutung des Ortes für das Schreiben.

Manchmal ist das erste Erlebnis erschreckend, deshalb bitte ich Sie, sorgfältig zu entscheiden, ob Sie einfach mitten hinein in die Erinnerung springen oder sich ihr behutsam nähern.

Sein Name war Schiller

Es war am letzten Donnerstag im Juni, zu der Zeit war ich in der Siebten im Gymnasium. Meine beste Freundin Anke besuchte die Hauptschule und war schon in der letzten Klasse. Wenn ich mit ihr zusammen war, traute ich mich alles. Selbst an dem Platz vorbeizugehen, an dem die Jungs aus ihrer Schule sich trafen, rauchten, prahlten und den Mädchen, also auch uns, ihre Sprüche hinterherriefen. Einer von ihnen hieß Schiller, wie der Dichter. Seine langen, lockigen Haare waren das Einzige, was ihn mit dem Literaten verband, und, vielleicht, seine blasse Haut. Aber bestimmt nicht ein herausragender Geist. Das Herausstechende an ihm war ein Zahn, der nicht senkrecht aus dem Kiefer gewachsen war, sondern sich oberhalb der Zahnreihe waagrecht herausgebohrt hatte. Die Sachen, die sie uns hinterherriefen, verstand ich auch nicht alle. Es waren bescheuerte Sätze über Frauen und Kinder machen. Wenn Schiller was rief, johlten die anderen Jungs, aber sie bewegten sich nicht vom Fleck, deshalb war es mir egal. Sagte ich auf jeden Fall, wenn Anke fragte. Ich nahm einfach an, dass es ihr auch egal war, heute bin ich mir da nicht mehr sicher, vielleicht genoss sie es auch auf irgendeine perverse Art, wenigstens beachtet zu werden.

War Anke nicht dabei, ging ich nie dort entlang, obwohl es der kürzeste Weg vom Schulzentrum nach Hause war. Nur an diesem Abend brach ich die Regel. Ich war spät dran, und der Treffpunkt unter dem Hochhaus, an dem sie meist zu fünft oder zu sechst herumstanden, schien verwaist, doch dann stand Schiller unvermittelt vor mir. Es heißt immer, Jungs seien hautsächlich in der Gruppe stark, doch bei Schiller schien das anders zu sein. Breitbeinig versperrte er mir den Weg und sagte: „Heute kostet es Zoll, Wegzoll."

Nein, Wegzoll hat er sicher nicht gesagt, das habe ich später hinzugefügt, um dem Kampf, der folgte, eine romantische Note zu geben. Aber es ging nicht um Lyrik, es ging nicht um Wörter, sondern um einen Kuss. Einen Kuss, den ich nicht geben wollte, den ich nicht haben wollte. Der Kuss war der Preis, der Kuss an einen Räuber, eine Abgabe, die ich leisten sollte, um passieren zu dürfen. Er bestand auf diesem Kuss, und ich weigerte mich. Wenn überhaupt, dann solle er sich den holen. Ich traute mir zu, ihn zu besiegen, denn ich war stark, und so fingen wir an zu ringen. Und es war Sommer und es war warm und ich trug nur ein kurzes Kleid. Es war blau, aus glänzendem Stoff, mit Blumenmuster, das sich an meinen Mädchenkörper anschmiegte, der schlank war, und ich hatte langes blondes Haar, und ich wusste nicht, dass ich aussah wie die Verlockung, wie das Röslein, das der Knabe brechen wollte, das wusste ich wirklich nicht. Aber was es hieß, eine Rose zu brechen, das wusste ich schon, denn unser Rektor hatte es uns in der letzten Deutschstunde erläutert. Und wie er es aussprach, mit so einem Blick, gab es keinen Zweifel, auch wenn das Gedicht von Goethe war und nicht von Schiller. Aber wie Schiller mich sah, das wusste ich plötzlich, als ich mich an einen seiner Sprüche erinnerte, dessen Wortlaut ich noch so ungefähr im Ohr hatte. Den mit der Badeanstalt, da werden die Mädchen festgeschnallt, Hose runter, Beine breit, ficken ist Herrlichkeit, oder so. So einer war Schiller. Jedenfalls wusste ich im Nachhinein, dass das mit dem „hole ihn dir doch, den Kuss" ein riesiger Fehler gewesen war. Denn nun war da der Kampf, und für mich war klar, dass es besser wäre, wenn ich ihn nicht verlieren würde, denn ich war zwölf, und für mich wäre es zu früh, wenn er die Hose fallen ließe und mir die Beine breitmachte und fickte. Er, er war schon sechzehn und von der Schule geflogen, und ihm war es sicher egal, wenn mir was passierte. Aber ich, ich war auf dem Gymnasium, und ich, ich wollte das sicher nicht. Es war ein hitziger Kampf, ich bekam einen roten Kopf, und ich war Rotbäckchen in einem blauen, glänzenden Kleid, und er war der Wolf. Schnell war klar, ich hatte mich verschätzt, meine Kräfte erlahmten, und schon lag ich unter ihm auf dem Rasen, und der Rasen war kühl, denn es war schon Abend, und es war dämmrig, und es war so gegen neun, und um neun musste ich zu Hause sein. Ich war barfuß, weil ich die Clogs im Fahrradraum unter alten Zeitungen versteckt hatte, und dort sollte ich sie eigentlich holen, bevor ich nach Hause ging, denn mein Vater wollte nicht, dass ich barfuß ging. Barfuß im Sommer mit nackten Beinen und kurzem Kleidchen, denn er war Polizist und er kannte die Wölfe wohl schon, und er sagte, wenn dann, wenn dann, wenn dann, dann schreie laut und nicht Hilfe, denn dann hilft niemand, schrei Feuer! Aber Feuer schreien kam mir albern vor, weil ich jetzt unten lag und Schiller auf mir und er seine Hand an eine Stelle legte, die was mit dem Beine-Breitmachen zu tun hatte, denn er fragte, ob ich so weit wäre, und ich wusste nicht, wie weit und für was, und ich wandte den Kopf nach links und nach rechts, und im Fahrradkeller lagen noch die Clogs, und ich lag hier fest und sollte schon längst zu Hause sein. Und so gab ich auf und ließ mich küssen. Er steckte mir seine Zunge in den Hals, und ich fuhr mit meiner über den spitzen Zahn, der an der verkehrten Stelle wuchs, mein Mund war voll mit seiner Spucke, und die spuckte ich aus, als er sich von mir herunterrollte. Sein Grinsen verfolgte mich, und ich kam nach Hause ohne meine Clogs, hatte sie unter dem Altpapier vergessen und bekam die Abreibung von meinem Vater wegen dem Zuspätkommen und dem Barfußsein, und ich sagte nichts. Von da an umging ich den Platz, da konnte Anke mich ruhig feige nennen. Ich mied es, Schiller zu treffen, auch wenn ich ihn oft sah, wie er rauchend aus dem Schatten trat, hoch zum Balkon unserer Wohnung winkte, denn unser Hochhaus stand dem gegenüber, unter dem die Jungs sich trafen, und ich trat zurück vom Fenster, damit er mich dort nicht stehen sah. Wenn ich darüber nachdachte, warum ich so dumm gewesen war und das machte, was ich nie gemacht hätte, wären die Jungs dort gestanden, bekam ich Kopfweh. Deshalb dachte ich nicht mehr darüber nach, über die Sache mit Schiller, die mit Dichtung nichts zu tun hatte.

Kunst inspiriert

Helga Ginevra, aus der Serie Exhibitionen

Kiss me. William N. Copley,1965

Kunstausstellungen sind wunderbar geeignet, Farbe in die schwarz-weiße Buchstabenwelt zu bringen und die innere Gedanken- und Bilderwelt zu bereichern. Museen und Galerien sind Orte der Inspiration. Egal ob alte Meister, Rokoko oder Maler der Moderne: In der Kunst ist Erotik reichlich zu finden.
Der amerikanischen Künstler William N. Copley brachte es in einem Interview auf den Punkt: „Was für andere Themen gibt es außer Sex?" Diese Ansicht scheinen viele Künstler zu teilen.
Das Museum Frieder Burda[30] präsentierte William N. Copley, der sich in seinen Bildern auf ironische Weise mit dem erotischen Spiel zwischen Mann und Frau in all seinen Facetten auseinandersetzte, 2012 in einer umfassenden Retrospektive. Copley spielte meisterhaft mit Motiv und Titel. Auf *Kiss me* (1965) ist das Gesicht abgewendet und ohne Lippen gemalt. Dafür ist der Popo nackt und dem Betrachter zugewendet. Was soll man wohl küssen? Das ist genau die Art von Humor, die die Bilder von Copley besonders macht. Er malte comicartig wonnige Körper und lustvolle Frauen. Nur in der *x-Rate*-Serie, so nannte er sie selbst, und das bedeutet „nicht für Jugendliche geeignet", wurde er explizit. Davon gibt es wohl 60 Gemälde, die als drastisch und pornografisch beschrieben werden. Aber er nutzt Erotik und Sex auch, um gesellschaftliche Anliegen zu transportieren. Mit *Tomb of the Unknown Whore – Dem Grabmal der unbekannten Hure* setzte er einen Gegenpol zu den Denkmälern für die *Unbekannten Soldaten*, um dem Miss-

verhältnis in der Bewertung der Leistung von Mann und Frau entgegenzuwirken. Denn auch ungezählte Huren haben ihr Leben auf den Feldzügen „für das Vaterland" gegeben.
Ähnlich arbeitete der belgische Maler Félicien Rops. Er kombinierte in seinen Bildern Erotik mit Politik und Gesellschaftskritik. Mit seinen erotischen Werken wie *Pornocrates* oder *Die Scham Sodoms* (1888), prangerte er die Sitten seiner Zeit an.
Allen Jones Werk war in Tübingen zu sehen, inklusive seiner aus dem Jahr 1969 stammenden Gruppe von drei lebensgroßen Frauenfiguren, die als Möbel dienten, nämlich als Hutständer, Stuhl und Tisch. Um als Tisch zu dienen, kniet eine Frau im Vierfüßlerstand und trägt eine Glasplatte auf dem Rücken. Für den Stuhl liegt die Frau auf dem Rücken. Die Oberschenkel sind eng an Bauch und Brust gepresst, auf deren Rückseite ist ein lederner Sitz montiert. Ihre Kleidung ist aus dem SM-Bereich entlehnt, schwarze Schürstiefel, Korsagen und lange Lederhandschuhe, was ihren dienenden Charakter noch unterstreicht. Ein Besuch in einer Ausstellung wirft Fragen auf, die sich schreibend beantworten lassen. Wie fühlen sich diese Frauen? Ist die Gruppe eine Auseinandersetzung mit dem Frauenbild oder ist sie rein pornografischer und frauenverachtender Natur?
Künstlerinnen setzen sich natürlich ebenso provokativ mit Sexualität auseinander wie Männer. Oft nutzen sie das Medium Tanz, Performance oder andere radikale Einsätze des eigenen Körpers.
Niki de Saint Phalle schoss erst mit Farbbeuteln. Später schuf sie neben den weltbekannten Nanas eine liegende Figur, die man durch die Vagina betreten konnte (1966). In deren Innerem befanden sich u. a. eine Milchbar, ein Aquarium und eine mechanische Gebärmutter. Valie Export besuchte Ende der 60er Jahre ein Münchener (Porno-)Kino. Die Hose im Schritt offen, zeigte sie dem Publikum ihr Geschlecht. Eine Schwarz-Weiß-Fotografie, auf der die Künstlerin mit breit gespreizten Beinen auf einer Bank sitzt, dabei wieder diese Hose trägt, erinnert an die Aktion. Zusätzlich hält sie noch ein Maschinengewehr im Anschlag.
Dorothy Iannone führte ihr ganz subjektives Begehren in einer ihrer Videoarbeiten vor, die sie in einen farbig bemalten Holzkasten integrierte. *I Was Thinking of You III* zeigt eine menschengroße Ki-

ste mit zwei ihrer typischen bunten Figuren beim Liebesspiel. Den Kopf der Frau ersetzt ein Video von Dorothy Iannones eigenem Kopf. In ihrem Gesicht spiegeln sich ihre Emotionen, während sie sich selbst befriedigt.
Helga Ginevra malte ihre Serie *Exhibitionen* mit großformatigen Akten von Frauen in den 1980ern in Auseinandersetzung mit den damaligen Debatten um Erotik und die Sichtbarkeit des Weiblichen. Einmal hat sie ein Gemälde nach einer Podiumsdiskussion teilweise übermalt und die Vulva der Frau sichtbar gemacht.
Maria Lassnig thematisierte in ihrem Selbstporträt *Du oder ich* aus dem Jahr 2005 gleich mehrere Tabus in einem Bild: Frau – nackt – alt – selbstbewusst – machtvoll. Der Revolver, den sie in der Hand hält, ist direkt auf den Betrachter gerichtet.
Da liegen also viele Ideen für Geschichten verborgen.
Diese Beispiele lassen sich fortsetzen, in jedem Museum, in jeder Galerie hängen Werke, die sich mit der Erotik auseinandersetzen. Denn das Begehren, der Voyeurismus und die Leidenschaft waren in jedem Jahrhundert wichtige Impulsgeber bei der Entstehung von Kunst.

Kandaules und der erotische Blick

Von Kandaules, dem König von Lydien, wird erzählt, dass er auf die Schönheit seiner Frau Nyssia sehr stolz gewesen sei. So gab er seinem Jugendfreund Gyges die Gelegenheit, sie nackt zu betrachten. Die Königin entdeckte den Voyeur und verlangte von ihm, dass er entweder sich oder ihren Gatten töten solle. Gyges entschied sich für den Tod des Königs und setzte sich selbst auf den Thron.
Aufgrund dieser Legende hat der Psychiater und Gerichtsmediziner Richard von Krafft-Ebing, von dem beim Thema *Sadomasochismus* noch einmal die Rede sein wird, für diese aparte Form des Voyeurismus, bei dem einer sexuelle Erregung bei der Zurschaustellung seines Partners empfindet, unabhängig davon, ob dieser sich für einen Dritten entblößt oder mit ihm intim ist, den Begriff

Kandaules,
Jean-Léon Gérôme,
1859

des Candaulismus geprägt. Krafft-Ebing hat dieses Verhalten in seiner 1886 erschienenen *Psychopathia sexualis* allerdings gleich als Perversion verbucht. Er käme in der heutigen Welt wohl nicht mehr zurecht, würde überall nur Perversion statt Freiheit entdekken. Die große Erotik- und Sex-Community *Joyclub* lebt davon, dass ihre Mitglieder es toll finden, gewagte Fotos von sich online zu stellen. Ich habe keine Zweifel daran, dass es nicht nur den Mann erregt, Bilder von seiner Gefährtin auszustellen, sondern dass es auch die Frauen erregt, sich zu zeigen.

Als ich die Gespräche zu meinem Buch *Die Nacht der Masken* führte, habe ich ein Pärchen kennengelernt, in dessen Liebesleben dieser Dreiecksvoyeurismus eine entscheidende Rolle spielt. Sie lässt Fotos von sich machen, wagt sich dabei in Szenerien wie aus der *Geschichte der O* oder *Justine* – und er erfreut sich später an den Fotos, ohne bei den Shootings selbst anwesend zu sein.

Wie wäre es also mit einem frivolen Fotoshooting? Lassen Sie sich in Szene setzen, wie Sie schon immer sein wollten: lasziv, streng, verführerisch, allein oder zu zweit, in Unterwäsche oder nackt, in Tüll oder Leder.

Du bist dran …

Küss mich

Der Kuss zeigt die Bereitschaft, Gefühle zu bekunden. Als zärtliche Geste wird er in einer Langsamkeit zelebriert, die Erwartung und Spannung aufbaut. Kostet man ihn aus, versinkt dabei die Welt um einen herum. Als Ausdruck der Leidenschaft hingegen kann er einen in einen Strudel der Gier reißen. Der erste Kuss ist so vieles: eine Offenbarung, eine deprimierende Erfahrung, ein Versprechen, ein Spiel, ein Verrat, eine Vorausahnung der kommenden Vereinigung.

Wie er gegeben und empfunden wird, verrät einiges über die beteiligten Menschen, denn der Kuss ist wie ein Gespräch ohne Worte. Fährt der Küssende mit der Zunge forschend im Mund hin und her, spielt er kreativ und mit viel Finesse mit der Zunge des anderen, oder rollt er sie wie einen Mahlstein nur in eine Richtung? Ist der Kuss zungenverschlingend oder eine gleichberechtigte Handlung zwischen den Küssenden? Gibt es einen Empfangenden und einen Führenden? Geht der andere mit und beantwortet die Aktionen? Gibt der Mann sich hin, wenn die Frau die Führung übernimmt, oder kämpft er um die Kontrolle? Gleichgültig, ob der Kuss erst noch ein Spiel ist oder bereits der erste Versuch der Penetration, er vermittelt eine Ahnung davon, was einen erwartet.

Beim Kuss kommt man sich sehr nahe, riecht den anderen, kostet den Geschmack des Speichels, erfährt, ob der andere gerade ein Bonbon gelutscht oder ein Bier getrunken hat. Der Geschmack hat einen großen Anteil, ob es zu einer sexuellen Vereinigung kommt. Gefühlsmäßig ist es der Versuch herauszufinden, ob der Geküsste mit einem harmonisiert und ob die Begegnung zu mehr führen wird.

Umstritten ist, ob der Kuss dem Körper chemische Informationen bezüglich des Immunsystems und des Gencodes vermittelt, damit im Vorfeld getestet werden kann, ob eine gemeinsame Fortpflanzung sinnvoll wäre. Mittlerweile wird eher davon ausgegangen, dass der Kuss biologisch sinnfrei ist. Er ist nicht zwingend mit Sex oder dem Geschlechtsakt verbunden, sondern steht für sich.

Literarisch sollte man ihn keinesfalls vernachlässigen, sagt der Kuss, gerade weil er alltäglicher als der Sex ist, viel über den Stand einer Beziehung aus. Ist sie freundschaftlich, leidenschaftlich, am Beginn oder am Abflauen? Der Kuss vermittelt Gefühle und kann mit einer Bedeutung aufgeladen werden, die weit über die Romantik hinausgeht. Mit dem Kuss kann bereits ausgelotet werden, wie es weitergeht. Es gibt nichts, was man nicht mit einem Kuss mitteilen kann. Was will Ihr Protagonist mit dem Kuss ausdrücken? Ist er ein Mittel, um jemanden zum Schweigen zu bringen? Sorgt er für Verwirrung, da er nicht zur Kultur des Geküssten gehört? Wird er gewährt oder verweigert? Spielt er gerade durch sein Fehlen eine wichtige Rolle? Fühlt er sich neutral und ritualisiert an? Wird er nur noch en passant gegeben, oder entfacht er ein Feuer? Ist er gar magisch wie im Märchen?

Entspann dich und schreibe los …

A kiss is just a kiss …
Widmen Sie sich dem Kuss, lassen Sie zwei Menschen sich küssen. Fragen Sie sich, wie sie sich küssen. Ehrerbietig, wach, auf die Wange, auf die Hand, flüchtig, inniglich, feucht, heftig, zaghaft? Machen die Küsse Lust auf mehr, oder törnen sie ab? Beschreiben Sie die Ängste und Hoffnungen Ihrer Figuren, ihre Ästhetik oder Hässlichkeit, was immer Sie möchten, aber bitte mit Hingabe.
Und noch ein Rat aus der Feder der Schriftstellerin Ulrike Draesner: „Denke nicht darüber nach, ob reales Küssen besser ist, als über Küssen zu schreiben. Probiere es aus."

Kameras sehen Geschichten

Ein Foto bezeichnet man als gelungen, wenn es mehr als ein schlichtes Abbild der Realität ist. Wenn es eine zweite Ebene transportiert wie zum Beispiel eine Atmosphäre der Bedrohung, der Einsamkeit oder der Intimität. Es gilt als gelungen, wenn es eine Geschichte erzählt, zum Beispiel die einer Leidenschaft, Verschmelzung oder Ekstase. Der Fotografierende muss etwas finden, was eine Kamera ablichten kann und das beim Betrachter im Idealfall eine Assoziation auslöst, die der Intention des Fotografen entspricht.
Für den wichtigen Grundsatz beim Schreiben „Show, don't tell! – Zeigen, nicht behaupten" können Sie sich genau diesen Blick durch eine Kamera zunutze machen. So empfiehlt es Sol Stein in seinem Klassiker *Über das Schreiben* und nach ihm noch viele andere *Creative Writing*-Lehrer. Denn Leser folgen den Figuren, leiden und freuen sich mit ihnen, wenn sie das Geschehen vor ihrem inneren Auge sehen. Durch zu viele beschreibende Adjektive wie mutig, leidenschaftlich oder grob werden sie gelangweilt. Denn das sind abstrakte Behauptungen. Konkrete Handlungen hingegen werden von der Linse und damit auch vom Leser bildhaft erfasst. Als Autor sollte ich also auch wie ein Fotograf denken und mir die Frage stellen, wie ich den Charakter, das Aussehen oder die Gefühle einer Person in einer Handlung oder mit einem beschreibenden Bild für eine Kamera sichtbar machen kann.
Was könnte sie einfangen, und was verrät dies über die Figur? Wenn ich sage, dass mein Protagonist glücklich ist, ist das eine Behauptung. Beschreibe ich ihn dagegen, wie er seiner Geliebten beim Schlafen zusieht, wie die Sonnenstrahlen von ihrem Armband reflektiert werden und als bunte Lichtflecken auf der Wand tanzen, jedes Mal, wenn sie sich im Schlaf leicht bewegt, wird der Leser aktiv und deutet die Szene. Er wird den Schluss ziehen, dass der Mann wohl glücklich ist, ohne dass das Wort „Glück" in der Szene vorkommt. Nichts hasst ein Leser mehr, als wenn man ihm wieder und wieder vorschreibt, was er fühlen soll.
Statt zu behaupten, dass die Figur einer Frau umwerfend ist, kann ich mir eine Szene ausdenken: *Wenn Mareike aus ihrem Auto stieg,*

konnte sie sicher sein, dass weder die großen Kerle noch die kleinen Jungs hinterher wussten, um was für eine Fahrzeugmarke es sich gehandelt hatte, dabei besaß sie einen Aston Martin V8 Vantage.
Anstatt zu behaupten, dass sie einen sexy Po hat, kann ich mir eine Metapher überlegen: *Sie nahm seine Hände und legte sie auf ihren Hintern. Wann hatte er das letzte Mal das Gefühl gehabt, dass sie Pranken waren? Als er die Glaskugeln an Weihnachten aus der Schachtel nahm und sie ihm zwischen den Händen durchgerutscht waren. Zur Sicherheit verschränkte er seine Daumen miteinander. Dieses Mal würde ihm nichts entgleiten.*

Anstatt zu behaupten, dass sie einen großen Busen hat, kann ich sie in einer Handlung zeigen: *Sie zog ihre Schultern zurück, dabei sprangen ihre Brüste nach vorne. Als wollte sie sagen, greif nach ihnen. Um genau das zu verhindern, hatte sie sonst ihre Schultern hochgezogen und war leicht gebeugt statt aufrecht gegangen. Aber der Plan, Marc zu erobern, rechtfertigte ungewöhnliche Maßnahmen.*

Du bist dran …

Versuchen Sie ab heute, dem Leser Menschen so zu beschreiben, dass eine Kamera dies filmen könnte. Skizzieren Sie den Menschen bildhaft. Versuchen Sie ein Gefühl dafür zu bekommen, was ein Text bei einem anderen Menschen auslöst.
Übersetzen Sie drei stereotype Behauptungen in eine Handlung oder ein Bild:
Seine Figur war athletisch …
Ihre prallen kleinen Hinterbacken …
Sie hatte lange Beine …

Ladykiller und Mauerblümchen

Ein wahrhaft schöner Mann mit Muskeln und bestimmendem Auftreten betritt den Raum, unbewusst kategorisieren wir ihn: ein Ladykiller.

Ein Mann, der charmant mit Frauen flirtet: ein Herzensbrecher, ein Casanova.

Eine Frau, die unscheinbar wirkt: ein Mauerblümchen.

Schnell haben wir solche Begriffe parat, sobald wir einen Menschen auch als sexuelles Wesen wahrnehmen: Flittchen, Schlampe, Schürzenjäger, Draufgänger, Traumfrau, Playboy, Sexgöttin, Betthäschen, Traumprinz, Frauenheld, Butch, Femme.

Meist handelt es sich dabei um eine höchst ungenaue Schablone, die der Person alle individuellen Eigenarten abspricht. In der Literatur und im Leben interessieren wir uns für das Sexleben einer Person aber nur, wenn wir ihr nahe kommen oder sie kennen. Wenn uns der Mensch fasziniert, im Guten oder im Bösen, dann fühlen wir mit. Die besten Liebesszenen vermitteln somit nicht ausschließlich, was geschieht, sondern beantworten auch die Frage nach dem „wer".

Eine erotische Szene kann genutzt werden, um etwas über die Figur auszusagen, über ihre Vergangenheit, Gefühle, ihre Einstellung zur Religion, zum Partner, zu sich, zu den äußeren Umständen. In erotischen Situationen entstehen Bilder im Kopf, die man nicht ausspricht: Was der andere mit einem tun könnte, was man selbst gern ausprobieren würde, schräge Fantasien, die man real nicht erleben möchte oder gerade doch. Spannend für den Leser ist es, all dies zu erfahren. Sex suggeriert uns eine Art von Vertrautheit. Und doch wissen wir nie, ob der Partner wirklich ganz bei uns ist oder ob er über einen Einkaufszettel nachdenkt oder über den Wunsch, die Beziehung zu beenden.

Je nach Charakter werden die sexuellen Bedürfnisse sehr unterschiedlich sein, und ein Konflikt ist sofort greifbar. Die erotische Szene transportiert diesen Konflikt.

Es ist für den Leser spannend, wenn ein Gefälle zwischen den Figuren besteht, sodass er sich fragt: Was wird passieren?

Sex ist das Persönlichste, was wir mit einem anderen Menschen teilen. Deshalb übt er so eine Faszination aus. Was wir dabei über den anderen erfahren, ist unter Umständen überraschend. Auch wenn wir glauben, dass wir doch alle irgendwie dasselbe machen, da die Variationen begrenzt scheinen, ist er so individuell wie ein Fingerabdruck. Denn es kommen die eigene und die Fantasie des anderen hinzu. Das macht Sex so großartig.

Überwinde dich, schreib einfach …

Charakterisieren Sie Ihre Figuren durch eine erotische Szene. Gegensätze wie schamhaft – verdorben, exhibitionistisch – verklemmt, machomäßig – feministisch, atheistisch – religiös, dick – dünn, extrovertiert – zurückhaltend, Begegnung zwischen zwei Kulturen, all dies sind reizvolle Paarungen. Finden Sie weitere. Wie könnte sich dies in den erotischen Handlungen auswirken? Wie und wo haben sich ausgerechnet diese beiden gegensätzlichen Charaktere kennengelernt, und wie sind sie miteinander im Bett gelandet? Stellen Sie sich die beiden vor, wie sie sich scheinbar über dasselbe unterhalten, aber jeder meint etwas anderes, schon sind Sie mitten in einer Geschichte.

Lippen, Busen, Po – wer kennt eine andere Besessenheit?

Schon im 14. Jahrhundert v. Chr. malte sich Nofretete die Lippen mit Farbe an. Im 21. Jahrhundert verrät Pia, eine Besucherin der *Nacht der Masken*: „Das Schminken ist für mich ein sinnlicher Akt, die Lippenkonturen nachzufahren und mit einem Pinsel die Lippen auszumalen, finde ich hocherotisch." Als selbstbewusste Frau trägt sie gerne Kirschrot, weil es eine der aufregendsten Farben ist. Sowohl Nofretete als auch Pia nutzen die erotische Wirkung von betonten Lippen und sind so über Tausende von Jahren vereint.

Als der Lippenstift in seiner phallischen Form erfunden wurde, verwendeten ihn zuerst hauptsächlich Prostituierte und Tänzerinnen. Heute ist er das am meisten verkaufte Kosmetikprodukt. Gerötete Lippen setzen einfach Signale. Damit wird die Biologie nachgeahmt. Bei Erregung sind die Lippen stärker durchblutet und als Folge davon gerötet.

Der Busen mit seiner nahezu magischen Anziehungskraft gilt als das Zeichen für Weiblichkeit und ist wie kein anderes Körperteil dem gängigen Schönheitsideal unterworfen: Rund und klein musste er in den 20er Jahren sein, spitz sollte er Ende der 50er sein, eher androgyn in den 70ern, heute wieder üppig groß. Dieser Normierungszwang wirkt sowohl im Leben als auch in der Literatur nur öde. Der weibliche Busen erregt gerade in seiner Vielfalt, ob groß oder klein, mädchenhaft jung oder fraulich reif. Perfektion langweilt. Befreit von dem Wahn, dass nur verführt, was perfekt ist, kann jeder seiner Figur ihre individuelle Lust gönnen. Brüste, die bereits gestillt haben, die sie deshalb als besonders sinnlich emp-

findet. Busen in 75A, die aussehen wie spitze Zitronen, gerade weil sie weniger als eine Handvoll groß sind. Asymmetrische Brüste, deren Ungleichheit einen besonderen Reiz ausstrahlt.
Der Hintern wird seit jeher bewundert, gleichgültig, ob klein oder ausladend, ob birnenförmig, kürbisgroß oder rund wie ein Apfel. Dem Hintern gesteht man eine viel größere Formenfreiheit zu. Ihm gelten sicher ebenso viele Hymnen der Schönheit und Anbetung wie dem Busen.
Sind alle nur besessen von Lippen, Busen und Po? Es muss doch noch mehr geben. In den 20er Jahren rückte das Knie ins Blickfeld, denn die kürzeren Kleider ließen zum ersten Mal einen Blick darauf zu. Die Fußfessel galt im Barock als erotisch. Der kulturelle Einfluss ist beim Begehren groß. Dies wird noch deutlicher, wenn man nicht nur das Jahrhundert, sondern auch die Kultur wechselt.

Freies Assoziieren erwünscht …

Überraschen Sie mit einer Obsession außerhalb des Üblichen. Was liebt Ihre Figur? Was lieben Sie? Die Kehle, den Nacken, das Ohr, die Füße, die Hände, die Zehen, den Bauch einer Schwangeren, den Bauchnabel?

Um die Spur ihres Schweißes zu verfolgen, strich er mit seinen Fingerkuppen ihren Hals entlang bis zu der kleinen Kuhle. Entgegen ihrer sonstigen Lebendigkeit verharrte sie in einer eigentümlichen Starre. Er ließ die Daumen in der Vertiefung liegen und schloss die anderen Finger so um ihren Hals, dass sich die Ringfinger seiner rechten und linken Hand berührten. Sie reagierte mit einem kleinen Schauer. Um auszuschließen, dass es sich um einen Zufall handelte, wiederholte er die Geste und drückte dabei die Daumen fester in die Kuhle. Worauf sie heftig die Luft aus der Nase stieß. Er legte die Daumen an die anderen Finger an und drückte sanft zu. Ihr Körper bäumte sich ihm entgegen, wie bei keiner seiner anderen Bemühungen, er hatte ihren Hotspot gefunden.

Küssend und beißend widmete er sich dieser Region wie ein Vampir und staunte, wie wachsweich sie wurde. Sie fuhr mit den Händen ihren Nacken hoch, als wollte sie die Haare hochstecken, und gab dabei ihren Hals völlig preis. Wie um die Unterwerfung zu betonen, legte sie die Hände neben ihren Kopf. Er pustete sich bis zu ihrem Nacken vor, seinen Atem dosierend, als wäre er eine Feder, nur um sich darin zu verbeißen wie ein Tiger. Seine Finger weilten in ihrem Schoß und wurden von ihrer Feuchtigkeit geflutet. Seine Position veränderte er nun so, dass sie vor ihm liegend seinen Schwanz mit ihrer Zunge erreichen konnte. Willig spielte ihre Zunge mit seiner Eichel, leckte und saugte daran. Währenddessen würgte er sie, sanft zwar, aber doch bestimmt. Ihre Augen wurden dunkel vor Lust, und ihr Körper zitterte. Vorsicht!, mahnte er sich, übertreibe es nicht. Aber ihre Hände, die sich hilflos ins Laken krallten, und ihr Mund, der nicht genug von ihm zu bekommen schien, durchbrachen seine Kontrolle. Er legte ihr den BH über die Augen, um sie vor seinem Samen zu schützen.

Lust ... auf ein erotisches Abenteuer?

In einem Stadtmagazin las ich einmal folgende Anzeige: „Welche Frau wartet auf mich mit verbundenen Augen, gefesselt auf einen Stuhl? Lass einfach die Tür einen Spalt geöffnet ..." Welche Frau ist so drauf und liefert sich hilflos einem Fremden aus? Aber das ist ein anderes Thema ... oder vielleicht doch gerade Ihres? Dann schnappen Sie es sich und schreiben los.

Höre nicht auf deinen inneren Kritiker ...

Alle anderen verfassen eine Kontaktanzeige, um sie in einer Erotik-Community oder in einem Stadtmagazin unter *Lust und Triebe* zu veröffentlichen.
Statt einer Anzeige können Sie auch eine SMS oder eine Mail verfassen, gern auch eine fehlgeleitete. So sind schon ganze Romane entstanden. *Gut gegen Nordwind* von Daniel Glattauer zum Beispiel, in dem die Sexualität in ihrer Abwesenheit eine große Rolle spielt.
Einzige Bedingung für den Text: Kurz und knackig sollte die Botschaft sein.
Vielleicht lieben Sie es romantisch: „Weißer Ritter, rette mich mit deiner Lanze aus dem Elfenbeinturm der Langeweile, bringe meinen Zaubergarten zum Blühen, schenke mir deinen Tau. Lass ihn in meine Blume tropfen, sodass er mich mit süßer Nahrung versorgt."
Oder doch eher explizit: „Will dich mit Zärtlichkeit überschütten, mich in dir festbeißen. Schreien vor Lust, wenn deine Hände hungrig über meinen Körper gleiten. Lass mich deine Raubkatze sein, und meine Geilheit wird auf deinem Schoß explodieren." Es ist Ihre Entscheidung.
Formulieren Sie Ihre Kleinanzeige/Notiz/SMS und erzählen Sie uns dann, zu welchem Abenteuer diese geführt hat.

„Red Lady, ich habe Lust, dir am Samstagabend in der FouFou-Bar mit einem White Lady in der Hand zu begegnen. Dir neugierigem, hellwachem und an besonderen Spielen interessiertem Weib."

Von der Verführung

In der Vorlesung „Gibt es Hexen? Die Geschichte einer Verfolgung" saß ich direkt hinter ihr, atmete ihren Jasminduft ein und bekam dabei feuchte Hände. Minutenlang starrte ich auf ihre roten Locken und wartete auf das zischende Geräusch, das zu hören war, wenn sie den Atem heftig ausstieß. Ob es da einen Zusammenhang mit dem Inhalt der Vorlesung gab, erschloss sich mir nicht, denn ich hörte nicht zu. Vielleicht identifizierte sie sich wegen ihres lodernden Haars so stark mit dem Thema, denn Frauen wie sie hatte man bestimmt als Hexen verbrannt. Ihre Hände glitten mal suchend, mal rasch und bestimmt über die Tastatur ihres Laptops. Ich beschloss, sie nachher einfach nach ihrem Mitschrieb des Vortrags zu fragen. Als es in ihrer Tasche vibrierte und sie sich zur Seite beugte, um die Nachricht auf dem Handy zu checken, konnte ich auf dem Bildschirm lesen:

Wir Frauen sind Engel,
auch wenn Mann uns die Flügel brach.
Wir Frauen sind Hexen,
auch wenn Mann uns die Besen verbrannte.
Wir Frauen sind Göttinnen,
auch wenn Mann uns die Lust verbat.
Wir Frauen sind Verführerinnen,
auch mit der Peitsche in der Hand.

Okay, das mit dem Abstract konnte ich vergessen, anstatt mitzuschreiben hatte sie sich der Lyrik hingegeben. So verfasste ich meinerseits einen Text. „Red Lady, ich habe Lust, dir am Samstagabend in der FouFou-Bar mit einem White Lady in der Hand zu begegnen. Dir neugierigem, hellwachem und an besonderen Spielen interessiertem Weib."

Diesen Zettel steckte ich ihr in die Tasche.

Meine Hand zitterte, sodass sich die weiße Flüssigkeit des Cocktails auf mein schwarzes Hemd ergoss, als ich zwischen den Köpfen der anderen ihre roten Locken wild tanzen sah. Ihr lautes Lachen war zu hören, und als sie zu mir herübersah, bebte mein Körper. Als sie näher kam, sah ich, dass sie Netzstrümpfe und hohe Schuhe trug. Später begleitete ich sie wie selbstverständlich in ihre Wohnung. Erst dachte ich, dass es an den vielen Cocktails lag, denn an der Stuckdecke öffneten sich Kelche, die mich an die weiblichste Körperstelle erinnerten. Auf einem Sofa war ein Kissen in Form eines roten Mundes dekoriert. Drehte ich meinen Kopf nach links, lag auf einer eigens dafür geschaffenen Ablage Sumo, das riesige Buch von Helmut Newton. Während ich mir im Bad die Hände wusch, staunte ich, dass zwischen den Keramik-Fliesen Nischen für Kerzen eingelassen waren. Ihr Lachen perlte zu mir herüber, und ich folgte ihm ins Schlafzimmer. Sie räkelte sich auf dem Bett, das auf einem Podest stand und über dem ein Baldachin gespannt war. An der Wand entlang lief ein Fries, auf dem aufgereiht zarte Porzellanformen standen, mit goldenen Ranken bemalte Venuslippenskulpturen. Ich legte mich zu ihr, denn ich fühlte mich eingeladen, mit ihr die Liebe zu feiern. „Was für ein Weib, was für eine Fülle", murmelte ich, während ich an den feurigroten Locken zupfte, die sie über ihrem Lustzentrum stehen hatte. An ihren Lippen knabbernd, wurde mir klar, dass es sich bei den Venuslippenskulpturen um einen Abdruck der ihren handeln musste, denn deren asymmetrische Ausformung fiel bei ihnen und jetzt an ihren so aus, dass es sie bestimmt kein zweites Mal auf der Welt gab. Unerwartet betätigte sie einen Knopf, und der Baldachin senkte sich über uns herab. Erst jetzt gab er sein Geheimnis preis: In seinen Falten waren geschickt Bänder und Ringe verborgen. Und ehe ich mich versah, war ich fixiert. Mir fiel der Text ihres kleinen Gedichts wieder ein: auch mit der Peitsche in der Hand.

Lust im Wandel der Zeiten – ausgewählte Blicke auf die schönen Künste

Die Lust, der Eros, das Liebesbegehren, gleichgültig, wie diese Kraft benannt wird, ist tief in der menschlichen Natur verwurzelt. Eros durchzieht die gesamte Kunst- und Kulturgeschichte. Bildende Kunst, Literatur und Musik leben zu großen Teilen davon, diese zu befriedigen. So haben erotische und pornografische Sujets eine lange Tradition. Auch wenn sie viele Jahrhunderte meist nur im Verborgenen oder verschlüsselt gezeigt wurden.

Schon in den ersten Zeugnissen von Kunst finden sich Hommagen an die Erotik als kultische Verehrung von Phallus und Vulva. Aus dem antiken Griechenland sind unzählige Vasen und Amphoren erhalten, auf denen ein beachtliches Repertoire sexueller Praktiken und Positionen dargestellt ist. In Pompeji waren erotische Fresken öffentlich sichtbar. Im frühen Christentum herrschte eine erstaunliche Freiheit in der Darstellung des Beischlafs. Zahllos wurden Cunnilingus und Fellatio dargestellt. Noch galten der nackte Körper und die Lust nicht als beschämend. Sexualität diente nicht nur der Fortpflanzung. In der romanischen Kunst wimmelt es nur so von ineinander geschlungenen nackten Figuren. Sie finden sich in Kreuzgängen oder auf Kapitellen – und das, obwohl im 5. Jahrhundert Sexualität zur Sünde wurde. So ist umstritten, ob die Darstellungen, die sich auch in Bordüren frommer Handbücher fanden, als Warnung vor dem Laster dienten oder aus einem noch natürlichen Gefühl dem Körper gegenüber entstanden. Mitte des 14. Jahrhunderts schrieb Boccaccio *Das Dekameron*, eines der ersten gedruckten Bücher. In dieser Novellensammlung wird detailreich von Verführungen und Beischlaf erzählt.

Im späten Mittelalter verstärkte sich der Kampf der Kirche gegen den Körper und seine Freuden. Die sexuelle Repression führte im 16. Jahrhundert zu einem fast vollständigen Verschwinden der freizügigen Bilder und Texte. Dennoch erschien in dieser Zeit das *L'Heptaméron* von Margarete von Navarra, eine Novellensammlung. Viele der Geschichten von M.v. Navarra spielen mit Sexuellem. Solche Texte hatten in der Zeit, ähnlich wie die Texte von

Boccaccio, eine kritische aufklärerische Funktion. Navarra erzählte von Priestern, die „Jungfrauenproben" machen, was nichts anderes als Sex mit jungen Frauen bedeutete. Von einer Mutter, die den Priester, der so eine Jungfrauenprobe an ihrer Tochter vollzieht, bestraft. Der Priester musste sich nackt ausziehen und sich ein Seil umbinden lassen. Auch beschrieb sie ein Fest, bei dem sich nackte Paare mit Weidenästen peitschten.
Ansonsten wendeten sich Künstler eher den klassischen Themen zu, denn es sollte nur noch dargestellt werden, was in Bezug zur Kultur, zur Mythologie, zur Historie oder zur Bibel stand. Vom 16. bis zum 19. Jahrhundert entstanden Tausende von Gemälden mit biblischen, mythologischen oder historischen Inhalten, in denen eine erotische Stimmung mitschwingt.
Obwohl Sexualität zu den niedrigsten Instinkten des Menschen erklärt, verdammt und verteufelt wurde, blieb das Verlangen nach Erotik und Pornografie ungebrochen. So entstand bereits im 16. Jahrhundert ein geheimer Markt für Stiche und Zeichnungen, die wieder die körperliche Liebe ins Zentrum der Aufmerksamkeit stellten. Die Zeichnungen wurden oft mit entsprechenden Texten kombiniert. Im 18. Jahrhundert erfuhr diese Art von Grafik einen regelrechten Boom. Meist waren sie von mittelmäßiger künstlerischer Qualität, und die Hersteller blieben anonym. Die Stiche illustrieren Werke wie *Histoire de Dom B…*, ein Roman aus dem Jahr 1741, der mit seinen expliziten sexuellen Beschreibungen als eines der bedeutendsten libertinen Werke der Aufklärungszeit gilt. Solche Bücher wurden nur heimlich gehandelt oder verschwanden sofort nach Erscheinen in den Giftschränken der Bibliotheken.
Im 18. Jahrhundert wurde der Machtanspruch der Kirche zunehmend infrage gestellt, Bourgeoisie und Intellektuelle gewannen an Einfluss, demokratische Ideen entfalteten ihre Wirkung, was sich auch auf die Darstellung der Erotik auswirkte. In diesem Jahrhundert entstanden literarische Werke, die heute zur Weltliteratur zählen, wie *Fanny Hill* von John Cleland oder Giacomo Casanovas Lebensbeichte *Die Geschichte meines Lebens.* Darin stellte er sich als einen großen Verführer und Erotomanen dar, der von Eroberung zu Eroberung eilte. Leopold von Sacher-

Masoch verfasste *Venus im Pelz*. Marquis de Sade schrieb Ende des Jahrhunderts seine pornografischen Romane. In der Malerei wurden die historischen, mythologischen und biblischen Szenen weitgehend zugunsten des Orientalismus und der bürgerlichen Frau, die in pikanten Situationen überrascht wird, aufgegeben. Im 19. Jahrhundert wurde die Prostituierte thematisiert, ebenso die lesbische Frau und die post-orgiastische Erschöpfung junger Frauen. Parallel dazu entstand die Genreliteratur der Empfindungsromane. Vor allem für Leserinnen geschrieben, enthielten sie seitenlange sinnliche Beschreibungen der ausschweifenden Fantasien der Frau. 1866 malte Gustave Courbet detailliert den Torso einer liegenden Frau, deren Genitalregion er ins Zentrum des Bildes rückte. Der Betrachter hat das weibliche Geschlecht direkt vor Augen. *Der Ursprung der Welt* (*L'Origine du monde*) schockierte den Kunstbetrieb und verschwand für viele Jahre aus der Öffentlichkeit. Erst seit Ende des 20. Jahrhunderts ist es im Pariser Musée d'Orsay ausgestellt. Die Fotografie veränderte die Darstellung der Intimität. Aktfotos, die eigentlich für den Künstler zur Vorlage bestimmt waren, fanden schnell weitere Interessenten. Sie wurden zum eigentlichen Werk. Es ging nicht mehr darum, Kunst zu schaffen, sondern darum zu zeigen, was die abendländische Zivilisation zu verstecken bemüht war: die Intimität des Körpers und sexuelle Praktiken. 1928 schrieb D. H. Lawrence den Roman *Lady Chatterley*, in dem er Sexualität freizügig beschreibt – so freizügig, dass das Werk erst 1960 unzensiert veröffentlicht wurde. Der Blick richtete sich zunehmend auf die wirkliche Frau, auf die Frau von nebenan. Anaïs Nin schrieb ihre Erzählsammlung im Laufe der 1940er Jahre, veröffentlicht wurde sie unter dem Titel *Delta der Venus* allerdings erst 1977. Seit der zweiten Hälfte des 20. Jahrhunderts sind das Abbilden der Sexualität und das Schreiben darüber kaum mehr eingeschränkt. Bücher, die bei Erscheinen erst auf dem Index der Bundesprüfstelle für jugendgefährdende Medien standen, wie *Opus Pistorum* von Henry Miller oder Bret Easton Ellis' *American Psycho,* sind um die Jahrtausendwende frei verkäuflich.

Magische Momente

Schriftsteller und Dichter gelten seit Goethe als Genies, das Schreiben wird als „Magischer Akt" verstanden. Dies ist ein Mythos, der bis heute so präsent ist, dass er viele, die schreiben möchten, davon abhält. Wer würde sich schon selbst als Genie bezeichnen? Doch das Schreiben hat viel mit Handwerk und technischem *Know-how* zu tun. Es schadet nie, sich ab und zu fortzubilden. Einige Ratgeber zitiere ich hier immer wieder. Auch erfüllte Sexualität hat viel mit *Know-how* zu tun. Sonst würde niemand die vielen Artikel und Bücher lesen, die von Experten der Lust geschrieben werden. Wer fühlt sich nicht animiert von den Versprechungen für leidenschaftliche Nächte, Stimmungsbringer im Bett oder Sex Thrills. Ratgeber wie *Der perfekte Liebhaber – Sextechniken, die sie verrückt machen* oder *Die perfekte Liebhaberin: Sextechniken, die ihn verrückt machen* von Lou Paget sind Bücher, die ich nur empfehlen kann. *Make more Love* von Ann-Marlene Henning und Anika von Keiser ist ein aktuelles Buch für mehr Spaß am Sex, und sein Erfolg zeigt, dass es immer wieder etwas Neues zu entdecken gibt. Auch jede Ausgabe des erotischen Jahrbuchs *Mein Heimliches Auge* ist eine „Wundertüte" voller Ideen. Es wird, wie viele Leser und Leserinnen dem Verlag schreiben, oft als Anregung genutzt. Paare setzen sich über einzelne Beiträge und zugleich mit ihrer Sexualität auseinander. Der einen gefällt dieses, dem anderen etwas anderes, und schon kommen sie auf Ideen, auch einmal etwas auszuprobieren. Manchmal auch erst Wochen später. Denn die Inspiration trifft einen nicht wie ein Geistesblitz, sondern, um Louis Pasteur, einen Naturwissenschaftler, zu zitieren: „Der Zufall trifft nur einen vorbereiteten Geist."

So wie ich für guten Sex über die Anatomie des Körpers Bescheid wissen sollte, so sollte ich fürs Schreiben etwas über den Schreibprozess wissen. Die meisten vermuten, dass das Schreiben in drei Schritten abläuft: Idee – Schreiben – Überarbeiten. Doch in dieser Reinheit läuft es nicht ab.

Der Prozess des Schreibens kann mit dem der Kreativität verglichen und in dieselben vier Phasen eingeteilt werden: Präparation –

Inkubation – Illumination (Inspiration) – Verifikation. Die Phasen verlaufen nicht klar abgetrennt voneinander, sondern zum Teil parallel. Der Autor H. J. Ortheil führt dies in seinem Aufsatz *Kreatives Schreiben und Kulturjournalismus* konkreter aus: Die Präparation ist die Zeit des Notierens und Sammelns, die Aufmerksamkeit wird auf ein Thema gerichtet, das einen fasziniert. In der Phase der Inkubation wird das Material sowohl bewusst als auch unbewusst verarbeitet, zwischen den einzelnen Elementen der Stoffsammlung werden Verbindungen entdeckt. In der Phase der Illumination treten Ideen hervor, die als Geistesblitze verstanden werden. Aber sie sind das Ergebnis eines kreativen Prozesses. In der Phase der Verifikation wird korrigiert und überarbeitet, bis ein stimmiges Gesamtwerk daraus hervorgeht. Die Autorin J. C. Oates sieht die Verifikation nicht als getrennte vierte Phase. In dem Essay *Laufen und Schreiben* bekennt sie sich zu einer unaufhörlichen Überarbeitung. Was heißt das für Sie? Halten Sie zu jeder Zeit Bilder und Sätze fest, die Ihnen in den Kopf kommen. Schreiben Sie mit Spaß und Lust den Gedanken auf, sobald er da ist. Wofür Sie ihn verwenden, können Sie später entscheiden. Warten Sie nicht, bis Sie viel Zeit haben, um dann darauf zu hoffen, dass Sie wie im Rausch einen guten Text durchschreiben werden.

Schreiben ist wie Sex, während des Akts befällt einen eine Erregung, die kaum zu bezähmen ist. Beides erfüllt einen mit Energie und Leben, dabei ist alles erlaubt, solange es funktioniert und elektrisiert.

Die Lust beginnt beim ersten Strich auf dem Papier, hält beim Schreibvorgang an und endet mit dem letzten Punkt. Beides ist, zumindest für mich, elementar.

Der Schreibakt und der Liebesakt.

Mit dem richtigen Handwerk kann sich jeder sich aufmachen und lernen, um sie zu erleben, diese magischen Momente, in denen alles passt: die Idee, das Setting, der Ort, die Charaktere, und dann gibt es nur noch Gänsehaut und Lust und Freude, und alles fließt, das Wort, der Saft, und es ist ein Rausch, das Schreiben und das Lieben.

Masken

© Michael Elwert, Fotograf

Fridolin, Hauptperson in Arthur Schnitzlers Traumnovelle, beobachtet auf einer rätselhaften Orgie maskentragende Frauen und ist dabei selbst durch eine Maske geschützt: „... und Frauen standen unbeweglich da, (...) schwarze Spitzenlarven über dem Antlitz, aber sonst völlig nackt. Fridolins Augen irrten durstig von üppigen zu schlanken, von zarten zu prangend erblühten Gestalten; – und dass jede dieser Unverhüllten doch ein Geheimnis blieb und aus den schwarzen Masken als unlöslichste Rätsel große Augen zu ihm herüberstrahlten, das wandelte ihm die unsägliche Lust des Schauens in eine fast unerträgliche Qual des Verlangens. So wie ihm erging es wohl auch den anderen."

Mit diesen Worten ist doch trefflich ausgedrückt, warum Menschen sich für erregende Momente gern maskieren. Zum einen, um sich zu verbergen. Die Identität der Besucher wird in der Traumnovelle nicht enthüllt, reich und mächtig sind sie, nur so viel ist sicher. Zum anderen wohnt Masken eine erstaunliche Magie inne, sie ermöglichen es, sich zu verwandeln und Illusionen zu schaffen.

Du bist dran …

Wagen Sie ein kleines Experiment und tragen Sie selbst eine Maske, erfahren Sie das Geheimnis ihrer Wirkung: Sie verstärkt das Verlangen und regt die Fantasie an. Der verhüllte Blick betont den sexuellen Charakter sämtlicher Handlungen, auch wenn es sich nur um kleine Gesten handelt. Allein schon das Tragen bedeutet einen Lustgewinn und löst Erregung aus. Sie wirkt auf das Gegenüber als Lockstoff, verspricht ihm eine orgiastische Nacht, denn wer wüsste es nicht: Im Schutz der Maske werden Tabus gebrochen und lang gehegte Wünsche erfüllt.
Die Maskierung, oder besser gesagt, Demaskierung, spielt auch im Kontext des Schreibens eine Rolle. Mit der Maske ist immer die Frage nach der Identität vebunden. „Wie die Schauspieler eine Maske aufsetzten, damit auf ihrer Stirn nicht die Scham erscheine, so betrete ich das Theater der Welt – maskiert." So äußerte sich der französische Philosoph René Descartes.
Auch Ihre Figuren tragen Masken. Doch nur die faszinieren den Leser, die nach und nach ihre Masken ablegen und ihr wahres Gesicht zeigen, ihre Schatten, ihre Leidenschaften und Abgründe.
Ein probates Mittel, um seine Figur besser kennenzulernen, ist das Interview. Stellen Sie Ihrer Figur Fragen, die Sie sich dann von ihr beantworten lassen. Einiges glauben Sie zu wissen, vielleicht weil sie ein reales Vorbild hat, weil Sie über ihr soziales Umfeld recherchiert haben, weil Sie ihr bewusst Anteile von sich mitgegeben haben.
So werden Sie als Autor zwei Personen, die eine, die fragt, und die andere, die antwortet. Sowohl die Fragen als auch die Antworten entspringen Ihrer Fantasie und Ihrem Wissen, wie eine/r aus einem gewissen Milieu antworten würde.
Wer diese Methode ausprobiert, wird die Erfahrung machen, dass er die Figur anfangs manipuliert, indem er spontane Antworten unterdrückt oder in eine bestimmte Richtung drängt. Aber plötzlich fängt die Figur an zu reden, ihre eigenen Bedingungen zu verhandeln, will anders sein, als der Autor sie denkt. Sie entledigt sich ihrer Maske.

Achte nicht auf Grammatik, Rechtschreibung oder Zeichensetzung …

Erstellen Sie ein Datenblatt über die Figur, das zumindest eine Kurzbiografie und das Aussehen wie Haarfarbe, Augenfarbe, körperliche Merkmale und Ticks festlegt.
Dies klingt einfach, muss aber gut überlegt sein, da das äußere Erscheinungsbild große Auswirkungen auf das Verhalten und die Möglichkeiten einer Figur hat. Dazu kann die Methode des Clusterns genutzt werden, die Sie unter dem Stichwort *Bizarre Gedanken* kennenlernen.
Für das Interview befragen Sie einfach Ihre Figur so lange, bis sie Ihnen lebendig vor Augen steht. Diskutieren Sie mit ihr alle Fragen, die relevant sein könnten. So lange, bis Sie sie wirklich kennen, bis Sie wissen, welche Vorlieben, Ängste, Sehnsüchte, Gewohnheiten usw. sie hat.

Monomodus

Sexualität bedeutet Kommunikation. Wir berühren uns und teilen uns in der körperlichen Interaktion mit. Es ist die intimste Form des Austauschs, die sich aus dem erotischen Impuls zu einem anderen hin ergibt. Diese körperliche Erfahrbarkeit ist ursprünglich und existiert schon lange vor der sprachlichen oder gar schriftlichen Kommunikation. Beim Schreiben ist man bei der Tätigkeit zwar meist allein, doch der Schreibimpuls entspringt dem Wunsch zu kommunizieren, denn der Autor möchte gelesen werden.
Parallel dazu existiert ein Schreiben, um in ein intensives Gespräch mit sich selbst zu kommen. Ebenso wie auch Erotik aus dem Drang heraus entstehen kann, sich mit sich selbst zu beschäftigen. Nichts ist so persönlich wie ein Tagebuch oder Selbstbefriedigung. Diese Chance sollten Sie nutzen, um etwas über Ihren Protagonisten auszusagen.
Zum einen kann die Frage nach dem *Wie* beantwortet werden. Wie befriedigt er sich selbst? Männer erwärmen sich die Eier, damit Selbstbefriedigung mehr Spaß macht, setzen sich auf eine Hand, bis sie eingeschlafen ist, benutzen einen Gegenstand wie Roboterarme, damit sich die eigenen Hand wie eine fremde anfühlt. Sie sitzen vor dem Computer, auf dem Klo, liegen im Bett oder stehen vor dem Spiegel. Als Lustmittel gibt Masturbationstoys mit und ohne Motor und natürlich Puppen. Frauen nutzen kleine (oder auch große) Lusthelfer wie Dildos, Vibratoren, Kerzen, Geisha-Kugeln und manchmal Obst. Die einen benutzen ein Stofftier, so wie sie es in der Kindheit für sich entdeckt haben, die anderen nutzen den Wasserdruck unter der Brause oder stellen sich vor Massagedüsen im Schwimmbecken. Allein das *Wie* bietet eine Vielfalt an Orten, an Konfrontationen, an Gefahren und an überraschenden Handlungen, die zum Spannungsaufbau genutzt werden können.
Außerdem wird nicht oft darüber gesprochen, wie man sich selbst befriedigt, aber ist nicht jeder schon einmal von seinem Partner danach gefragt oder sogar gebeten worden, es vorzuführen? Warum wohl? Weil es erregend ist, dies zu erfahren. Aber wie ehrlich sind wir dann?

Erotische Texte enthalten oft Masturbationsszenen als animierende Zugabe, denn zur Selbstbefriedigung gehören sexuelle Fantasien. Dabei kann der Autor viel offen lassen, sodass der Leser das Fehlende mit seiner Vorstellungskraft ergänzt. Nichts Genaues zu erfahren, kann sehr erregend sein. Außerdem entgeht man der Gefahr, die im zu explizit Beschriebenen liegt, nämlich dass es den Leser abtörnt, weil er es nicht mag oder weil er lächerlich findet, was ihm erzählt wird.
Da beinahe alles zum Mittelpunkt erotischer Faszination werden kann, liegt die Kunst darin, eine Verbindung zwischen dem Charakter und der Handlung herzustellen. Seine Fantasien spiegeln seine Vergangenheit oder verborgene Wünsche.
Auch die Frage nach dem *Warum* kann beantwortet werden. Was bedeutet Selbstbefriedigung für ihn? Warum besorgt er es sich selbst? Aus Lust, weil er jedes Signal seines Körpers kennt? Aus Selbstverliebtheit, da er es mit sich selbst am schönsten findet? Aus einem natürlichen sexuellen Verlangen heraus? Aus Frust nach einem missglückten Date? Aus Sehnsucht nach seiner Freundin oder seinem Freund? Aus Wut, die sich gegen ihn selbst richtet? Oder will er einfach nur eine Leere füllen?
Philip Roth wurde 1969 mit *Portnoys Beschwerden,* der Geschichte eines sexbesessenen amerikanischen Juden, berühmt. Er schuf damit den sexuellen Neurotiker schlechthin. Portnoy, 33, Anwalt, schildert auf der Couch seines Psychiaters sein ausschweifendes Sexleben. Unter anderem berichtet er davon, wie er schon mal in eine rohe Leber masturbiert habe. Durch Onanie und Sex versucht sich Portnoy von seinem Elternhaus zu lösen. In einem Interview sagte Roth dazu, dass bis dahin niemand je auf diese Weise über Masturbation geschrieben oder sich so schonungslos auf diese Weise mit Obszönität auseinandergesetzt habe.
Früher ergaben sich die Konflikte eher aus dem Gefühl der Scham. Es galt als verwerflich zu onanieren. Heute ist Masturbation eine gebräuchliche Sexualtechnik, oft sogar eine empfohlene, um seinen Körper besser kennenzulernen oder um sich für neue Bewegungen zu öffnen, um noch mehr Spaß beim Sex zu haben. Dies sollten Sie mit bedenken. Vor allem wenn Sie über Sex vor dieser

befreienden Entwicklung schreiben oder über Protagonisten, in deren Erziehung diese lockere Haltung noch nicht zu finden war. In Zeiten von Internet und der damit leicht zugänglichen Pornografie ergeben sich jedoch völlig neue Konflikte. Wie verändert sich die Sexualität von Menschen, die nur noch diese Bilder für die Selbstbefriedigung nutzen?
Gerade bei den Szenen zur Selbstbefriedigung kann man mehr als nur erregende To-Dos schildern, denn durch die Gefühlslage, die außerhalb der Erregung entsteht, lässt sich der Protagonist in seiner Erziehung, Weltsicht und Sicht auf sich selbst darstellen.

Notiere deine Gedanken …

Legen Sie sich eine Sammlung von sexuellen Verhaltensweisen an, notieren Sie auf Karteikarten alles, was Sie zu diesem Thema hören und lesen. Zensieren Sie dabei erst einmal nicht. Menschen lassen sich von so unterschiedlichen Reizen erregen, und da die Welt der erotischen Fantasien weder Gesetze noch Normen kennt, können Sie bei Bedarf hemmungslos daraus auswählen: Gruppensex, sadistische oder masochistische Fantasien, Exhibitionismus, Waffen, von Unbekannten aus dem Mittelalter, der Gegenwart oder aus der Zukunft begehrt zu werden, Voyeurismus.
Natürlich können Sie diesen Ideenspeicher auch für Ihr eigenes Liebesleben nutzen, indem Sie die Fantasien, die Sie selbst erleben möchten, zusätzlich in einer schönen Schachtel archivieren. Ihrem Partner erlauben Sie ausdrücklich, diese Liebesbox zu öffnen, die Karten zu lesen und die Wünsche in das gemeinsame Liebesspiel zu integrieren. Sie werden erleben, wie prickelnd es sein kann, in Ihre eigenen Fantasien einzutauchen. Ganz nebenbei lernen Sie so ihren Partner besser kennen. Welche Fantasie verwirklicht er nie? Welche nutzt er besonders oft? Letztendlich geht der Leser mit den Ideen in Texten nicht anders um, auch er wird die Ideen, die ihn erregen, unter Umständen konkret als Anregung nutzen.

Nonnen und die Lust

In Europa ist die Liebe zu Nonnen unter anderem durch Casanova bekannt geworden, der in seinen Memoiren *Geschichte meines Lebens* die Abenteuer mit den venezianischen Nonnen M. M. und C. C. beschreibt: „An der Klosterpforte läutete ich und fragte klopfenden Herzens nach M. M.; ich käme im Auftrage der Gräfin S. Das kleine Sprechzimmer war geschlossen; die Pförtnerin zeigte mir ein anderes, in das ich eintreten sollte. Ich tat dies, nahm meine Maske ab, setzte mich und wartete auf das Kommen meiner Göttin. Mein Herz schlug Sturmmarsch. Ich wartete voll Ungeduld, und trotzdem war das Warten mir angenehm; denn ich fürchtete mich vor dem Augenblick der ersten Begegnung."

Diese Faszination, die Nonnen auf Casanova ausübten, spiegelt die Gesellschaft, in der er lebte. Ihn erregte zum einen, dass ihr Verlangen stärker als das Keuschheitsgebot war, zum anderen symbolisieren sie das Unschuldige oder das Unberührte. In der westlichen Welt sind erotische Fantasien im religiösen Umfeld fast bedeutungslos geworden, weil die Religion und ihre Verbote an Einfluss verloren haben. Jede Zeit hat also auch ihre Fantasien.

In einer Zeit, in der kein Zugang zu sexuellen Bildern existierte, erregte schon ein wenig Haut. Die ersten Nacktszenen in Filmen verursachten einen Skandal, Bücher mit Sexszenen kamen auf den Index. Wir hingegen leben in einer von expliziten Bildern gesättigten Zeit. Privatpersonen und Prominente posten nackte Brüste, Geschlechtsteile und Hintern im Netz. Es kursieren Videos von zarten Liebesspielen bis zu hartem Sex. Waren wir früher scharf auf Texte, die uns alles zeigten, weil wir so wenig wissen durften, werden Leerstellen wieder wichtig, sodass noch etwas der Fantasie des Lesers überlassen bleibt, dass er im Kopf weiterschreiben kann, um sich seine eigenen Fantasien zu bewahren.

Für uns als reale Menschen ist es befreiend, keine Angst und Schuldgefühle mehr bei unserer gelebten Sexualität zu haben. Es ist gut, dass es den Gegensatz von „normal" und „pervers" nicht mehr gibt. Wir können für uns und unsere Partnerschaft definieren, was normal ist, welches Begehren, welche Praktiken. Sexuelle Freiräume sind so groß wie nie zuvor, auch für ausgefallene Neigungen. Alles, was im Bett geschieht, ist okay und Privatsache, solange die jeweiligen Partner einverstanden sind. Gesellschaft und Staat halten sich, soweit es geht, aus dem sexuellen Geschehen raus. Doch für die Literatur ist das natürlich langweilig. Wir brauchen das Drama, das Verbot, die Angst, die Schuld, das schlechte Gewissen, die Unsicherheit, das Rätselhafte, das Unberechenbare, das Widersprüchliche. Außerdem bin ich mir sicher, dass das Reden über Sex in der Öffentlichkeit den Menschen nicht freier gemacht hat. Die Ängste haben sich nur verschoben. Natürlich hat ein Jugendlicher heute keine Angst mehr, dass sein Rückenmark aufweicht, wenn er masturbiert, wie ihm das Pädagogen, Eltern und Kirche in den 1950er Jahren noch einbläuten. Dafür steht er unter dem Druck, sich auf alles einzulassen, was die Medien zeigen. Gehen Sie in sich, suchen Sie in sich Ihre eigenen Grenzen, Verbote, Perversionen, Ängste. Was versetzt Sie in Rausch und Ekstase?

Höre nicht auf deinen inneren Kritiker …

One-Night-Stand

Man kann natürlich eine erotische Geschichte schreiben, in der die Personen und die Handlung dazu dienen, eine Sexszene an die andere zu reihen. Damit unterscheidet man sich nicht wesentlich vom Pornofilm. Man hat dann eben eine Pornogeschichte oder sogenannte Einhandliteratur geschrieben, daran ist nichts auszusetzen. Das Wort ist zwar weder im Duden noch auf Wikipedia zu finden, spricht aber für sich selbst und bezeichnet kurz und treffend die Wirkung der Sätze. Für den Verfasser ist eben das der Erfolg: der Leser liest sich in die Erregung hinein. Die Bilder stacheln seine Begierde so sehr an, dass die freie Hand unwillkürlich zum Zentrum der Lust wandert. Die Finger bewegen sich dort hin und her, unter Umständen so heftig, dass das Buch selbst entgleitet.
Man kann allerdings auch umgekehrt vorgehen und den Sex nutzen, um die zwischenmenschlichen Beziehungen zwischen den Protagonisten zu klären, den Charakter zu entlarven, die Erwartungen zu zeigen, die die Beteiligten an die Erotik haben. Wenn man sich gerade kennenlernt, wird sich der Sex anders anfühlen als in einer langjährigen Ehe.
Darüber hinaus gibt es die verschiedensten sexuellen Begegnungen: One-Night-Stand, Versöhnungssex, Sex in der Krise, Sex mit sich selbst, Sex in der arrangierten Ehe, Affären, Sex mit dem Ex, das erste Mal, verbotener Sex und und und. Die Gefühle davor, währenddessen und danach werden sich stark unterscheiden. Das Zusammenspiel der Empfindungen wie Ungewissheit, Angst, Neugier, Leidenschaft, Vertrautheit oder Hoffnung wird je nach Art der Begegnung unterschiedlich sein, ebenso die spirituelle Erfahrung. Ich kenne zwar die hier angerissenen Situationen nicht alle aus eigener Anschauung, dennoch kann ich darüber schreiben, indem ich meine Schreibhandwerkzeugkiste öffne und die *Was-wäre-wenn-Frage* stelle. Nehmen wir den One-Night-Stand als Beispiel. Öfter als real erlebt wird der Wunsch danach existiert haben. Wie vielen verpassten Gelegenheiten träumen wir noch hinterher?

Schreib so, als würdest du es mir gerade erzählen …

Was wäre, wenn ich dem attraktiven Typ, der neben mir sein Auto betankt hat, eine Visitenkarte unter den Scheibenwischer geklemmt hätte, während er seine Rechnung bezahlte?
Was wäre, wenn ich meiner Kollegin eine überraschende Einladung für ein Blind Date zugesteckt hätte?
Was wäre, wenn ich zu dem Tanz ja gesagt hätte?
Was wäre, wenn ich ihr einfach diese Rose geschenkt hätte?
Was wäre, wenn … und schon kann alles anders sein als in der Realität.
Denken Sie über das Unerwartete nach, das Sie sich im wahren Leben nur selten gönnen, spinnen Sie auf dem Papier Ihre verpassten Gelegenheiten zu einer Geschichte weiter. Nutzen Sie die Methode des Clusterns, die unter dem Stichwort *Bizarre Gedanken* vorgestellt wird.

Der Gesang der Lerche

Was wäre, wenn ich einen Mann heiraten müsste, den ich nicht kenne?

Die Frauen schwirrten um Ghazala herum wie ein Schwarm Schwalben im Frühjahr. Sie balsamierten ihre Haut, bis sie sich so weich und zart wie das Seidenkleid anfühlte, das sie später tragen würde. Sie drehten ihr die Haare ein und legten ihr den Hochzeitsschmuck an. Ihre Freundinnen flüsterten, sie sei die Hübscheste von allen, wie schön sie sei, die Perle unter ihnen, die Auserwählte. Wie sie ihr die Haare aus den Augenbrauen zupften und dabei lachten, war die Freude nicht frei von Neid. Als sie ihr die Pforte rasierten und mit Henna rot färbten, kicherten die Älteren und sagten, dass so der Pflug die richtige Furche finden würde. Da erschrak sie, war der, dem sie zugedacht war, etwa alt? Hatten ihre Eltern dem Drängen des Teppichhändlers nachgegeben? Bestimmt nicht, niemals würde ihr Vater es übers Herz bringen, seine Gazelle dem alten Habicht vor die Krallen zu werfen.

Bei ihrer Mutter war sie sich da nicht so sicher. Diese hoffte schon lange auf ein besseres Leben, und der widerliche, aber reiche Kerl käme ihr da gerade recht. Ihre Mutter hatte die Einladungen des Habichts genossen, zum Tee, auf eine kleine Süßigkeit, die er stets aussprach, wenn sie an seinem Geschäft vorbeikamen. Dabei war es ihr egal gewesen, dass er sie, Ghazala, anstarrte, als wäre sie bereits sein.

Die Vorbereitungen waren abgeschlossen, im Festgewand stand sie vor dem Spiegel, in prächtige Farben gehüllt, aber ihr Gesicht war weiß wie das Totengewand. Da nahm ihre ältere Schwester sie bei der Hand und führte sie zum Fenster. Dort nahm sie eine Lamelle aus der hölzernen Jalousie, ein Sehschlitz entstand, durch den sie in den Hof blicken konnten.

„Schau, dieser in rote Seide gekleidete Herr, das ist dein Zukünftiger. Fürchte dich nicht. Er ist Lehrer im Nachbarort. Du weißt doch, Papa ist Bildung wichtiger als Geld."

Durch den schmalen Spalt betrachtete sie den dunkelhaarigen, bärtigen Mann, zwischen den anderen Männern aufragend wie ein Turm.

„Schwester, sag, wie ist die erste Nacht? Was muss ich tun? Ich will doch alles richtig machen."
„Das weißt du erst, wenn er dich besucht hat. Sieh zu, dass du viel von den vergorenen Früchten isst." Ghazala entging nicht, dass der Glockenton in der Stimme ihrer Vertrauten fehlte, der sonst jedes ihrer Worte begleitete.
Auch die Worte waren nicht dazu geeignet, Ghazala die Angst zu nehmen. Ihre Schwester hatte immer ein Geheimnis daraus gemacht, wie es sei, bei einem Mann zu liegen, und selbst jetzt, wo sie doch auch bald zu den Eingeweihten gehören würde, erzählte sie nichts, das war schon seltsam. Wie im Dämmer verbrachte sie die Hochzeitszeremonie, aß von den Früchten, die ihr die Schwester herbeischaffte, und als sie schließlich allein mit ihrem Gemahl im Schlafzimmer war, stand sie still und abwartend da.
„Meine Blume, lege die Kleider ab." Während sie sich der vielen Schichten entledigte, legte auch er seinen roten Anzug ab und sank aufs Bett. Dunkel leuchtete sein Körper auf dem weißen Laken.
„Komm zu mir und lass mich prüfen, ob das Siegel deines Schatzkästleins noch verschlossen ist."
Auf seine einladende Geste hin glitt sie neben ihn aufs Bett. Er wendete sich ihr zu, indem er sich auf seinen Ellbogen stützte. Mit der freien Hand strich er ihr mit einer sanften Geste das Haar aus dem Gesicht, glitt dann mit zwei Fingern auf ihren Lippen hin und her. So befeuchtet ließ er sie auf ihrer Granatfrucht tanzen, bis sich diese anfühlte, als wäre sie aufgeplatzt. Das erste glänzend rote Samenkorn war nach außen gestülpt worden. Auch bei ihm blieb sein Handeln nicht ohne Folgen, sein Stab rieb sich an ihrer Hüfte. Leise ließ sie den Atem aus ihren halb geöffneten Lippen strömen und hoffte, dass dieses Kribbeln in der Magengegend nicht von den Früchten käme und sie gar um eine Erlaubnis bitten müsse, den Raum kurz zu verlassen.
Weiter kam sie mit ihren Überlegungen nicht, denn seine Hand war zur hennagefärbten Pforte ihres Tempels gewandert. Nun saugte er den Atem ein und stieß ihn zischend wieder aus. Sein Blick war starr auf den unteren Teil ihres Körpers geheftet. Seine Finger schlossen sich fest um ihre Wölbung, wobei er mit dem Daumen

eine winzige Stelle an ihr rieb. Wohl bemerkte er, wie sie sich danach sehnte, sich ihm entgegenzurecken wie die Blume der Sonne, denn er legte sich auf sie und verschloss ihre Augen mit der zwischenzeitlich orangegefärbten Hand. Als er seinen Pflug in die Erde senkte, wie es die alten Weiber prophezeit hatten, verging Ghazala das Lächeln über diesen merkwürdigen Ausspruch. Sie war froh um den Rat der Schwester und ihrer Fürsorge bezüglich der Früchte, denn der Pflug war größer als ihre Pforte, und als er sie passierte, griff sie ins Laken. Mechanisch wie das Ochsengespann zog er durch die Furche, und sie ahnte, was den Klang aus der Stimme der Schwester vertrieben hatte.

Als das Feld bestellt und er von ihr herabgeglitten war, rollte er sie wie einen Teppich zur Seite. Das rostrote Blut auf der weißen Fläche war der Grund für sein angedeutetes zufriedenes Lächeln. Er stand auf, betrachtete sie für einen Augenblick und verließ grußlos das Zimmer. An seiner Stelle betraten es ihre Schwester und ihre Mutter. Auch sie redeten kein Wort, gemeinsam zogen sie das Laken ab und hängten es in den Hof.

Ghazala starrte auf das im Mondlicht leuchtende Tuch, bis es dämmerte. Waren mit dieser Nacht alle Lieder in ihr verstummt?

Die ersten Sperlinge flatterten herbei und pickten die Krümel des Festmahls auf. Nur ein Vogel ließ sich nicht nieder, er flog an ihrem Fenster vorbei und zog gen Himmel, dabei sang er. Sie lauschte dem Lied der Lerche. Nein, sie würde sich niemals diesem Schweigen beugen, das schwor sie sich.

Orgasmus, der Höhepunkt der (sexuellen) Lust

Ist der Höhepunkt das Entscheidende oder doch das Vorspiel?

In der Literatur sind dies auf jeden Fall die Vorbereitung und die Hinführung. Sich Zeit lassen, auf den Höhepunkt zusteuern, beeindruckt mehr als ein kurzes Feuerwerk eines gelungenen Einfalls. Die Erregungsverzögerung ist eine wichtige Taktik sowohl beim Schreiben als auch beim Sex. Es gilt, langsam die Spannung auf-

zubauen, sie lange zu halten und erst dann zum Orgasmus zu kommen. Es gilt, Raum zu schaffen für Zwischenfälle und Stockungen, nichts sollte sich sofort ereignen, wo bliebe sonst der Spaß? Diese Erregungskurve „Aufbau – Explosion – Entspannung" liegt zum einen als Spannungsbogen über der ganzen Geschichte, wiederholt sich aber auch als kleiner Bogen in jeder einzelnen Szene. Nicht nur, wenn ein Liebesakt mit Vorspiel, Höhepunkt und Nachspiel beschrieben wird, nein, immer.
Es ist das sogenannte Drei-Akt-Modell, eine häufig gewählte Art, eine Geschichte aufzubauen. Verkürzt dargestellt erfolgen in der Exposition die Darstellung der Verhältnisse und die Einführung der Figuren. Der erste Wendepunkt ist das Ereignis, das der Figur und mit ihr dem Leser klarmacht, dass sie einen Konflikt auszufechten hat, der sich im zweiten Akt entfaltet. Der zweite Wendepunkt liegt meist auf dem Höhepunkt, spitzt sich entweder zu oder dreht die Handlung, sodass sich der Konflikt im dritten Akt auf eine möglichst unerwartete Art und Weise löst. Für die Figuren ist nichts mehr, wie es war, Veränderung hat stattgefunden.
Dies auf den Liebesakt zu übertragen, überlasse ich jetzt ganz Ihrer Fantasie.
So wie eine Geschichte Zeit braucht, sich zu entwickeln, braucht auch guter Sex Zeit. Nicht der eine kleine Moment, in dem alles kumuliert, sich die Muskeln anspannen, das Serotonin mit dem Blut durch den Körper jagt, der Atem stoßartig geht, der Puls rast, ist entscheidend für den Genuss, der beim Mann sowieso nur wenige Sekunden dauert. Nicht der eine große Moment schafft die lustvolle Sexualität, sondern das Versprechen, das im Vorspiel gegeben wird, und die vielen kleinen Schritte, sich auf den Höhepunkt zuzubewegen.

Pink! Oder welche Farbe hat die Lust?

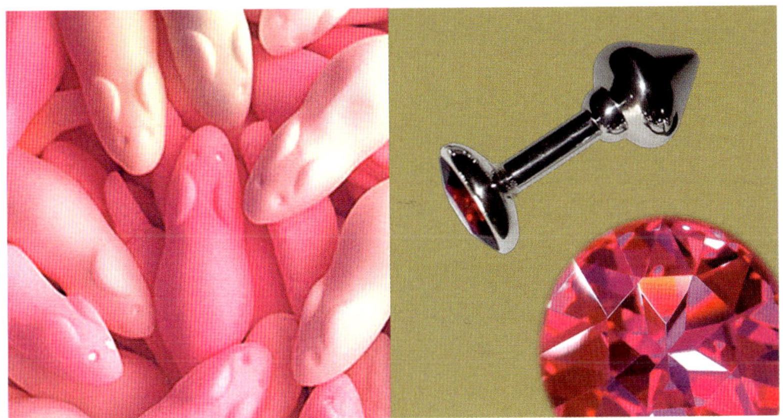

Rund, lang, glänzend, mit oder ohne Motor, stylish – Sextoys verführen mit Form und Material. Seit einiger Zeit auch mit Farben. Lustspender sind oft bunt.

Auch Süßigkeiten verführen mit Farben. Kürzlich lief ich an einem Schaufenster vorüber, eigentlich ging es um Mode. Doch die Schuhe, Hosen und Shirts lagen zwischen kunterbunten Süßigkeiten drapiert, herrlich verführerisch. Die Farben waren so intensiv, dass ich entzückt war und schon die Süßigkeit auf der Zunge zu schmecken glaubte. Farben inspirieren, alarmieren, beruhigen, stimulieren, signalisieren Freude oder Traurigkeit.

Und mit Farben verführe ich Sie zum Schreiben. Farben haben auch viel mit dem eigenen Stil zu tun, denken Sie an die Farben von Künstlern, an die Farben, die Sie gern tragen.

In der Alltagssprache beziehen wir den Begriff Stil meist nur noch auf das Äußere, auf die Kleidung, die Frisur und das Make-up. Aber Stil bedeutet auch die Besonderheit eines Künstlers, sich in seinem Werk auszudrücken. Selbst wenn der Autor für jede Geschichte einen eigenen Erzählton sucht und findet, so gibt es doch typische Merkmale, die für ihn charakteristisch sind. Deshalb kaufen Leser Bücher vom selben Schriftsteller. Durch viele kleine, kreative Schreibübungen kann der eigene Stil, die eigene Art des Ausdrucks gefunden werden.

Du bist dran …

Also los, geben Sie sich dem Fluss des Schreibens hin, nutzen Sie Ihr Unbewusstes, beschreiben Sie eine Farbe mit allen Sinnen und allem, was Sie mit ihr verbinden.
Versuchen Sie es mit Ihrer Lieblingsfarbe oder der meistgehassten. Welche sinnlichen Erinnerungen, Stimmungen oder Bilder verbinden Sie mit ihr?
Meine Farbe ist, leicht zu erraten, Pink. Mit ihr habe ich ein Rendezvous.
Und Sie?

Pink!

Pinke Mädchenträume
in Zuckerwatte
wie ein Schmelzen
im Auge.

Pinke Lacke
in Flaschen
wie ein Glitzern
im grauen Alltag.

Pinke Plastikperlen
in Überraschungseiern
wie rosa Küsse
im Schnee.

Pinke Kicks
im Liebesleben
wie Lustraketen
im Arsch.

Mädchenträume

Als er mit seinem Stativ in der Hand und der Fototasche über der Schulter in dem schmalen Flur stand, fühlte er sich wie ein zu großer Affe. Seinem geschulten Auge fiel sofort das Arrangement eines pinkfarbenen Telefons auf einem Barhocker auf. In den Regalen vor einer rosafarbenen Wand standen High Heels neben Ballerinas, neben aberwitzigen Formen von Stiefeln und Sandaletten. So hatte er sich die Wohnung von zwei jungen Frauen zwar vorgestellt, aber wenn er diese hier identisch in einem Studio nachbauen würde, würde jeder sagen, dass er übertreibe. Nun stand er in diesem Mädchentraum von Rosa und Schuhen. Am liebsten hätte er gleich auf den Auslöser gedrückt, traute sich aber nicht. Eine Tür stand offen, zwei junge Frauen saßen auf dem Bett. Die Brünette war Sina, sie hatte ihn angesprochen, als er letztes Wochenende mal wieder durch die Clubs gezogen war, um für seinen Blog Partypeople zu fotografierten. Sie

frisierte der anderen die Haare und verzierte deren blonden Zopf mit glitzernden Haarspangen.
„Hey", rief sie, „komm rein."
Er sagte: „Ich staune, dass es das im 21. Jahrhundert noch gibt."
„Was?"
„Nicht so wichtig, ihr wollt also Fotos, für die Eltern oder für den Freund?"
Sie sahen sich an und kicherten.
„Nein, das passt nicht zu uns", sagte Sina.
„Wir sind Abenteuerinnen", ergänzte die Blonde.
Er stellte sein Stativ ab. Mit dem Belichtungsmesser prüfte er das Licht und fragte: „Fotografiere ich hier im Zimmer oder gehen wir raus?"
„Erst die Bedingungen", sagte die Blonde.
„Habe ich schon mit Sina geklärt, ich bekomme 50 Euro die Stunde und ihr nachher eine CD mit den Bildern. Für jedes Bild, das ich nachbearbeite, verlange ich zehn Euro extra."
„Und die Bilder ziehen wir hier vom Chip der Kamera runter, keines davon soll auf deinen Blog."
Er grinste, auf seinem Blog gab es nur coole Fotos, er würde doch nicht seinen Ruf ruinieren, indem er Kleinmädchenfotos in Rosa und Glitzer dort einstellte.
Er nickte: „Kein Problem."
Die Blonde holte unter dem Bett einen Schuhkarton hervor, natürlich in Pink. Daraus entnahm sie ein paar Handschellen.
„Und die lässt du dir anlegen."
„Das ist nicht dein Ernst, oder?"
Die Blonde sah Sina an. „Du hast nicht alles mit ihm besprochen."
„Nein, ich dachte, wenn er erst einmal hier wäre, wäre es leichter."
Die Blonde seufzte: „Wir haben auch einen Anzug, den du tragen sollst."
„Was passt dir an meiner Jeans nicht? Außerdem bin ich doch gar nicht …", auf den Fotos, wollte er sagen, aber es verschlug ihm die Sprache, als er den Anzug sah, den Sina geholt hatte.
„Zieh den an, dann bist du unser Fotograf."
„Ihr spinnt doch, während ich fotografiere, soll ich dieses Gummiteil und Handschellen tragen?"
„Genau." Sie nickten synchron.

„Was stellt ihr euch genau vor?"
„Erst den Anzug, dann die Handschellen, dann die Infos."
Die Sonne brach sich in den glitzernden Haarspangen und verwandelte das Zimmer in eine Disco. Unwillkürlich dachte er daran, wie sexy sich Sina in dem Club bewegt hatte. Das Paar Schuhe, das sie dabei getragen hatte, stand draußen auf dem Regal im Flur. Ob die Blonde genauso gut aussah, konnte er schlecht abschätzen, sie hatte ein gutes Gesicht, ihr Körper war jedoch unter dem flauschigen Stoff eines Bademantels verborgen. Die Handschellen allerdings waren ohne Plüsch gearbeitet, stellte er fest, als sie sich mit zweimaligen Klicken um seine Handgelenke schlossen. Er fragte sich, ob er nicht einen Fehler beging. Vielleicht handelte es sich um eine Racheaktion für eines seiner Fotos, vielleicht würden sie ihn in diesem lächerlichen Taucheranzug auf Facebook stellen. Doch Sina drückte ihm einfach die Kamera so in die Hand, dass er trotz der Fesselung Auslöser und Zoom bedienen konnte. Als die Blonde den Bademantel auszog, Sina den weiteren Inhalt des Schuhkartons aufs rosa Leintuch kippte und aus ihrer Jeans schlüpfte, verstand er, warum die beiden auf diesem Aufzug bestanden hatten. Seine Hände klebten an der Kamera, und er drückte unablässig den Auslöser. Der Schweiß rann zwischen Gummi und Haut hinunter, er war dankbar für die Handschellen und den Anzug, denn eines war klar: Rosa und rattenscharf geht doch zusammen.

Popeye oder der erotische Comic

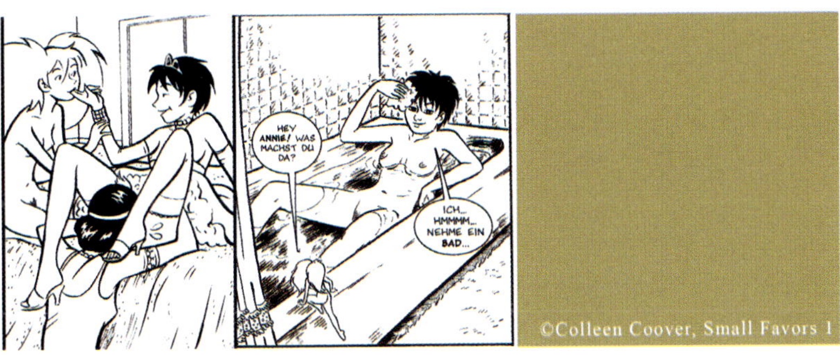

Seinen ersten Auftritt hatte der Matrose Popeye im Jahr 1929. Seitdem lebt er mit Olivia ein keusches Leben. Es gibt meines Wissens nur eine Kuss-Szene. Carl Barks hatte zwar einen Stammbaum seiner Enten gezeichnet, dennoch wird nie erwähnt, dass es ein Liebesleben gegeben haben muss, wenn es Neffen gibt. Tim und Struppi leben seit ihrer Erfindung ohne Sex. Sind Comics also eine erotikfreie Zone? Mitnichten, es gibt eine spezielle Szene für Erotikcomics, die ähnlich funktionieren wie Erotik in der Literatur, nur gezeichnet eben. Die Zeichnungen lassen genügend Raum für die eigene Fantasie. Der Leser ergänzt, was fehlt. Da sie meist nicht so explizit wie Pornos sind, machen sie einen nicht nur zum Zuschauer, sondern zum Teilnehmer, das haben sie mit der Literatur gemeinsam. Gleichzeitig kann sich der Comic wie die Literatur eine große Freizügigkeit erlauben, denn der Leser entscheidet, wie viel er imaginiert und was er abschwächt. Häufig stehen persönliche Schwächen der Protagonisten und Missgeschicke in erotisch-sexuellen Begegnungen im Mittelpunkt. Natürlich werden auch Klischees gezeichnet, aber spannender und überraschender sind doch die abweichenden Fantasievorstellungen, wie die Frau ohne Kopf des Zeichners Robert Crumb. Selbstverständlich geht es darin auch richtig zur Sache, aber oft geht es dabei noch um etwas anderes, so wie in der Literatur auch. Die Themen sind genauso vielfältig: Rollenbilder, Rassismus, Aids, Gesellschaftskritik, Aufklärung. Sie zeigen zum einen, wie eine Gesellschaft mit Sex umgeht, und zum anderen intime Geheimnisse ihrer Autoren.
Wer sind die Autoren von Sexcomics? Molly Crabapple, die selbst erotische Comics zeichnet, stellte sie in der Sendung Sex in the COMIX auf Arte vor. Die Sendung ist noch auf youtube[32] zu sehen. Fünfzig Minuten, die sich lohnen. Unter anderem werden Robert Crumb, der Erfinder von *Fritz the cat*, und seine Frau Aline Kominsky-Crumb, Milo Manara, Zep, Suehiro Maruo, Ralf König und Aude Picault vorgestellt. Manara erzählt, dass er sich für den klassischen Stil entschieden habe, der von der Renaissance inspiriert sei. Er schafft harmonische Figuren, die an Venus und Aphrodite erinnern. Seine Frauen sind der Inbegriff der Schönheit und der Verführung. Die Frauen von Robert Crumb dagegen sind

Weiber, mächtige Frauen. Für ihn sind sie Masturbationsfantasien, es erregt ihn, sie zu zeichnen. Unter dem Stichwort *Erregt beim erotischen Schreiben?* geht es auch um die Frage, ob einen sein eigenes Schreiben erregen darf, und ich beantworte sie ebenfalls mit einem eindeutigen *Ja*. Wie schön, dass Crumb das auch so sieht.
Der japanische Zeichner Suehiro Maruo hat ein Faible für Makabres und Groteskes. Lust und Leid sind seine Themen. Seine Menschen ähneln Maschinen oder Tieren. Seine Sexcomics, voller Gewalt und bizarren Fantasien, erinnern an die Hentai, japanische pornografische Comics mit Fantasy-Elementen.
Aude Picault hingegen interessiert sich nicht für Gewalt im Zusammenhang mit Sex, sondern für die kleinen Bewegungen, die Lust auslösen. Ihre Heldin kann an nichts anderes mehr denken als an ihre Lust. Sie ist im Gegensatz zu Manaras Frauen viel authentischer, keine Göttin. Sie hat einen dicken Hintern und kleine Brüste, ist also keine Projektionsfigur für Männerfantasien, sondern sehr menschlich.
Colleen Coover zeichnet in *Small Favors: Girlie-Erotic-Comic. Kleine Freuden* weibliche Fantasien. Es ist die Geschichte von Annie, die (etwas) zu viel masturbiert, und Nibbil, der magischen Wächterin ihres Gewissens. Doch letztendlich hat Annie kein schlechtes Gewissen, sondern Sex mit Nibbil, und der Sex macht viel Spaß. Den Konflikten nimmt sie die Härte, indem sie Humor dagegen setzt. Ihre Botschaft: Ja, die Liebe unter Frauen ist toll. Auch wenn die Comics für Lesben gezeichnet sind, lesen sie anders Orientierte genauso gerne.
Ähnliches gelang auch Ralf König. Er ist mit seinen schwulen Comics bekannt geworden, die nicht nur Männer kaufen. Er möchte das Triebige und Tierische beim Sex transportieren. Wobei auch ihn die Pannen interessieren, die zwangsläufig passieren, wenn der Verstand vor Geilheit aussetzt.
Für Zep[33] gehört Sex zum Leben und damit auch zum Leben einer jeden Figur. Mit viel Spaß führt er uns die Diskrepanz zwischen Fantasie und tatsächlichem Ausleben vor Augen. Seine Zeichnungen haben viel Humor, wie sein Comic *Happy Sex* zeigt. Auch darin sehe ich eine Ähnlichkeit zwischen erotischer Literatur und Comic. Unter dem Stichwort *Humor gehört dazu* beschäftige ich mich mit dem

Humor in der Erotik, den ich für enorm wichtig halte. Nicht nur in der Kunst, auch im Leben. Sex und Humor gehen gut zusammen, vor allem bei Peinlichkeiten im Bett, und wer kennt die nicht. Unterdrücken Sie Ihren Humor nicht, Lachen ist eine gute Strategie. Auch wenn die Darstellung sexueller Perversionen, lasziver Posen, eindeutiger Handlungen immer wieder verboten wurde, im erotischen Comic genauso wie in der Literatur, gibt es auch Bestseller wie *Lost Girls* von Allen Moore. Die Comics von Manara und König verkaufen sich ebenfalls in hohen Auflagen. Also greifen Sie ruhig auch mal zu einem Comic.

Pornografische Literatur, erotische Literatur, was ist das eigentlich?

Kamasutra, Unbekannt, vermutl. 19. Jhdt

Unter dem Stichwort *Erotik findet vorher statt* setze ich mich mit dem Unterschied zwischen Pornografie und Erotik auseinander. Aber wie definiert ein Literaturlexikon die Begrifflichkeiten erotische und pornografische Literatur? Als Quelle benutze ich das *Metzler Literatur Lexikon – Begriffe und Definitionen*. Da die Lexikonsprache doch recht sperrig ist, gebe ich den Beitrag gekürzt wieder: *Pornographische Literatur*, auch Pornographie [von gr. pornos =

Hurer, bzw. porne = Dirne und graphein = schreiben], ist eine unscharfe, in ihrer Bedeutung umstrittene Bezeichnung einer spezifischen Form der erotischen Literatur.
Ursprünglich war es die Literatur zur Prostitution. Davon zu trennen waren die *libri obscoeni*, deren Verfasser unzüchtige Reden führten. Dabei sprachen sie frech über Geschlechtsteile. Sie schilderten den Akt schamlos und wollüstig. Durch die Jahrhunderte fand eine Vermischung der Begriffe statt.
Heute wird im allgemeinen Sprachgebrauch und in der Rechtsprechung die Bezeichnung pornografische Literatur auf eine literarisch unqualifizierte Darstellung des Geschlechtlichen angewendet, „speziell des Geschlechtsaktes in der monotonen Addition seiner möglichen Positionen und Perversionen zum ausschließlichen Zweck sexueller Stimulation." Dieser Aspekt der Wirkung ist für die pornografische Literatur zentral. Ihre Intention zielt explizit darauf ab, den Leser geschlechtlich zu erregen, oft ist dies ihre einzige Anziehungskraft. Der Umkehrschluss, dass alles, was sexuelles Begehren weckt, automatisch pornografisch sei, ist nicht zulässig. Literatur stellt nun einmal alles Menschliche dar, und dazu gehört auch die Sexualität.
Die *erotische Literatur* wird im Lexikon als amourös, galant, pikant oder frivol gekennzeichnet. Als eine Sammelbezeichnung für literarische Werke aller Gattungen, „in denen das Sinnliche und Körperliche, die sexuelle Komponente der Liebe besonders oder ausschließlich betont wird".
Da die erotische Literatur ebenfalls eine sexuelle Ventilfunktion habe beziehungsweise diese anzunehmen sei, erreicht sie auch ein männliches Lesepublikum. Vor allem, wenn sie Frauen so darstellt, wie der Mann sie gern hätte – unersättlich in ihrem Sexualbedürfnis und dem Mann gegenüber sehr entgegenkommend.
Darüber hinaus ist die Intention der erotischen Literatur breiter angelegt als die der pornografischen und kann zum Beispiel eine Gesellschaftskritik beinhalten.
Das *Metzler Literatur Lexikon* führt berühmte Beispiele für ästhetisch anspruchsvolle erotische beziehungsweise pornografische Literatur auf. Dazu zählt es *Das hohe Lied Salomos*, das *Kamasutra – Verse des Verlangens* von Vâtsyâyana Mallanâga, *Yonosuke, der dreitau-*

sendfache Liebhaber von Ibara Saikaku, *Tausendundeine Nacht*. Für die abendländische Literatur beginnt die Aufzählung in der Antike, nennt für die Renaissance das *Decamerone* von Boccaccio, später die Werke von Marquis de Sade, L. von Sacher-Masoch, und O. Wilde. Sie endet im 20. Jahrhundert mit J. Joyce, D.H. Lawrence und Nabokov. Da gibt es also noch einiges zu lesen und zu entdecken.

Qual der Wahl – die Frage der Perspektive

Blümchensex oder Bondage? Mit oder ohne Sextoys? Frau oder Mann? Zu zweit oder zu dritt? Wer dominiert, wer unterwirft? Jede Entscheidung verändert das Spiel und gibt ihm eine neue Richtung. Die Qual der Wahl schwingt immer mit.

So ist das auch beim Erzählen einer Geschichte. Wer kann sie dem Leser am besten vermitteln? In welchen Kopf will ich hineingehen? Diese Frage muss möglichst früh beantwortet werden, denn sie verändert die Geschichte oft grundlegend.

Falls Ihnen das Problem mit der Perspektive nicht klar ist, stellen Sie sich einfach vor, dass Sie im Kopf einer Ihrer Figuren eine Kamera aufstellen können. Installieren Sie diese im Kopf der Frau, ist es ihre Perspektive, und der Leser erlebt den Akt aus ihrer Sicht. Stellen Sie hingegen die Kamera im Kopf des Mannes auf, dann haben Sie seine Bewegung und seine Gedanken.

Ob Sie als Frau aus der Perspektive des Mannes oder als Mann aus der Sicht der Frau erzählen, ist Ihre Entscheidung.

Arnold Geiger hat sich in dem Roman *Alles über Sally* für die Perspektive der 52-jährigen Sally und nicht für die des Ehemanns Alfred entschieden. In einem Interview erzählte er, die Figur Sally habe ihn einfach am meisten interessiert. Er habe sich auf sehr unterschiedlichen Ebenen in sie hineingearbeitet, auch auf der erotischen, und so lässt er sie Sätze wie diesen denken: „Sowohl emotional als auch sexuell an ein bestimmtes Gegenüber gebunden zu sein, ist eine Erfindung von alten Männern." Oder: „Und er besaß eine ungeschickte Art, sich zu bewegen – sein Rhythmus war für sie – zu schnell, sie bevorzugte es – langsamer, intensiver und gleichzeitig – härter."

Die ausgewählte Figur bezeichnet man als personalen Erzähler. Der Leser wird zu dieser Person eine besondere Bindung aufbauen, lebt ihr Leben mit. Die Kunst dabei ist es, die einmal gewählte Perspektive stringent durchzuhalten. Innerhalb eines Buches kann man sich für mehrere personale Erzähler entscheiden, aber innerhalb einer Szene – ein Liebesakt ist eben nur *eine* Szene – sollte man nicht zwischen zwei Kameras hin und her springen.

Hängen Sie die Kamera unter die Decke, können Sie nur von außen beschreiben, was die Kamera sieht, ein Sich-Aufeinander-Zubewegen der Körper. Das ist die auktoriale Erzählperspektive, der Erzähler befindet sich außerhalb der Figuren. Sie ist eher selten, da man als Autor nichts von den Plänen, Gedanken und Gefühlen der handelnden Figuren vermitteln kann.

Die Wahl bestimmt auch die Erzählsprache, und wie entscheidend diese ist, spreche ich unter dem Stichwort *Dirty Talk* an. Die Haltung zur Erotik, zum Partner, ihre Herkunft, ihre Intelligenz drücken sich in der Sprache aus.

Sei genau …

Eine Sexszene eignet sich hervorragend, um die Frage der erzählerischen Perspektive zu lösen.

Schreiben Sie einen ersten Entwurf aus Sicht einer Frau. Seien Sie radikal subjektiv, beschreiben Sie wirklich nur, was sie wahrnimmt. Legen Sie ihn beiseite und beginnen Sie, die Geschichte aus der Sicht einer anderen beteiligten Figur neu zu erzählen. Wenn Sie bei dieser zweiten Figur ebenso subjektiv vorgehen, merken Sie, wie durch den Wechsel der Perspektive eine andere Geschichte erzählt wird, denn die neue Perspektivfigur nimmt das Geschehen anders war. Los geht's!

Quickie

Zeitdruck steigert unter Umständen die Kreativität. Darauf baut zum Beispiel das Free-Writing (freies Schreiben) auf. Es bedeutet, dass man eine fest umrissene Zeit – beispielsweise zehn oder fünfzehn Minuten – ununterbrochen ohne Zensur, Struktur und Plan schreibt. Das Free-Writing gehört zu den Grundtechniken des Kreativen Schreibens. Dieses ungesteuerte, spielerische Schreiben ist eine einfache Methode, um in den Schreibfluss zu kommen, kann aber auch als Gegenstrategie für Schreibblockaden genutzt werden.
Kein Vorspiel – kein Nachspiel – nur schnelles Schreiben. Das erinnert mich sofort an den Quickie – bei dem ebenfalls auf das Vor- und Nachspiel verzichtet wird.
Was gibt es Aufregenderes als das Gefühl, so begehrt zu werden, dass der andere einen sofort will, ganz egal, wo, ganz egal, ob andere es mitbekommen könnten.
Und: Ein Quickie findet spontan statt. Mit allen Konsequenzen, die man sich als Autor nur wünschen kann: Falsche Unterwäsche an? Gerade die Beine nicht rasiert? Der Babysitter wartet zu Hause? Da fallen einem doch tausend Missgeschicke ein, die aus der Erregung – sie will mich sofort, er will mich sofort – ein Desaster machen können. Aber natürlich fallen mir auch wunderbare Momente ein, die gerade darin liegen, dass alle Bedenken über Bord geworfen werden.
Und nicht vergessen, der beste Ort dafür liegt jedenfalls außerhalb des Schlafzimmers.

Achte nicht auf Grammatik, Rechtschreibung oder Zeichensetzung …

Schreiben Sie jetzt, zehn Minuten, schnell, unzensiert und ohne innezuhalten zu erotischen Fantasien, Gefühlen, Wünschen, Hoffnungen. Wenn Sie drohen abzuschweifen, schließen Sie die Augen und denken Sie an einen Zauber, der Sie unwiderstehlich macht. Jede Person, die Ihnen begegnet, begehrt Sie, sofort und auf der

Stelle. Darunter ist die eine, der auch Sie nicht widerstehen können. Das Liebesspiel beginnt. Sie werden staunen, was für Ideen, überraschende Gedanken und ungewöhnliche Ansätze Sie in sich entdecken.

Queve – wie peinlich!

Beim Schreiben werden alle Sinne einbezogen. Die Augen werden gern bedient, wie unter den Stichwörtern *Insel, Rendezvous der Sinne* und *Voyeurismus* nachzulesen ist.
Aber auch die Ohren vermitteln wichtige Eindrücke. Manchmal genügt ein Wort oder ein Geräusch, um uns zutiefst zu erschrecken oder zu verunsichern. Zu diesen Geräuschen gehört ein Queve. Ein Slangausdruck aus dem Englischen für Laute, die die Vagina manchmal beim Sex macht, wenn Luft entweicht, die durch die Bewegungen des Partners hineingepumpt worden ist – im Deutschen eher Muschifurz genannt.
Frauen denken jetzt sicher: „O ja, daran erinnere ich mich. Vielleicht hat er ihn nicht gehört und wenn, ist er hoffentlich erfahren genug zu wissen, was das ist, sonst ist das schrecklich peinlich."
Unerfahrene Männer schrecken auf und fragen sich: „Furzt sie, während ich mit ihr poppe? Ist das okay? Heißt das, dass sie richtig scharf ist?"
Dieses Geräusch steht auf der Liste der Peinlichkeiten ganz oben. Doch es kommen noch mehr dazu. Jeder stößt beim Koitus Töne aus. Die gesamte Geräuschkulisse des Atmens, des Sprechens. Ein *Si, si*, ein *Ja, ja*, ein o *Gott*, ein *Ich liebe dich*, ein *Ich komme*, ein *Nein, nein*. Ein Wimmern, ein Klagen, ein Stöhnen, ein Lachen, ein Kichern, geflüsterte Liebesbeteuerungen oder Obszönitäten und unzählige Geräusche mehr: Es gibt keinen stummen sexuellen Akt.
Vergessen Sie nicht die Gerüche der Sexualität. Sie verraten die Achtsamkeit oder Respektlosigkeit dem anderen gegenüber. Es gibt angenehme Aromen, wie das Shampoo, das Parfüm, die Haut selbst, der Mensch in seiner Natürlichkeit, in seiner Leidenschaft oder Angst. Der Geruch kann die Frage beantworten, wo der Liebespartner zuletzt war. Bei welcher Arbeit, im Sport, im Bett einer anderen. Aber auch die unangenehmen Ausdünstungen gehören dazu. Die Hände, die noch nach dem Essen riechen, das zubereitet wurde, Knoblauch, Zwiebeln oder vielleicht nach einem Muschelgericht.
Gerüche lösen Erinnerungen aus. Ein Herrenduft, den ich mit

einem bestimmten Mann verbinde, macht mich noch heute verrückt. Ein anderer lässt mich würgen.
Überhaupt ist doch die Frage, wie viel Hässlichkeit, Makel und Dreck eine erotische Geschichte verträgt. Eine ganze Menge, wenn Sie mich fragen. Lesen Sie dazu den Beitrag zu den erotischen Comics. Dort wird Ihnen die Bandbreite der Möglichkeiten aufgezeigt. Zwischen Venus und wilden Weibern liegen Geschmackswelten.
Außerdem – ich weiß, ich wiederhole mich, aber dieser Punkt kann gar nicht oft genug erwähnt werden: Perfektion langweilt, die Abweichung ist interessant.

Höre nicht auf deinen inneren Kritiker …

… sondern erzählen Sie hier von Ihrem peinlichsten Liebesmoment:

Romantisch geht es auch

Wie wäre es mit einem erotischen Märchen? Dazu sollte die Sprache romantisch sein. Doch wie romantisiere ich mein Schreiben? Ich lasse es einfach Novalis, einen Dichter der Frühromantik, sagen. Er schrieb dazu in seinen Fragmenten über Poesie (1798): „Die Welt muß romantisiert werden. So findet man den ursprünglichen Sinn wieder. Romantisieren ist nichts als eine qualitative Potenzierung. Das niedre Selbst wird mit einem bessern Selbst in dieser Operation identifiziert. (...) Indem ich dem Gemeinen einen hohen Sinn, dem Gewöhnlichen ein geheimnisvolles Ansehen, dem Bekannten die Würde des Unbekannten, dem Endlichen einen unendlichen Schein gebe, so romantisiere ich es. (...) Das Märchen ist gleichsam der Kanon der Poesie – alles Poetische muß märchenhaft sein."
Aha, so könnte das Romantisieren gelingen.

Entspann dich und schreibe los ...

Schreiben Sie einen Dankesbrief an den geliebten Menschen, mit dem Sie eine wundervolle Nacht verbringen durften. Nur diese eine einzige Nacht war Ihnen vergönnt. Überhöhen Sie Ihre Gefühle stark. Um das Märchenhafte dieser Nacht zu unterstreichen, können Einhörner, tapfere Ritter oder sprechende Tiere vorkommen. Banale Gegenstände werden zu magischen, indem sie mit einem Zauber aufgeladen oder mit einem Geheimnis umgeben sind. Sie werden merken, wie Ihre Sprache automatisch ins Romantische rutscht, denn wir schöpfen immer auch aus den Leseerfahrungen, die wir gemacht haben. Gerade Märchen sind oft in romantischer Sprache geschrieben.
Vielleicht beginnen Sie sogar mit „Es war einmal ..." und enden mit „Und wenn sie nicht ..."

Rendezvous der Sinne

Seit Tausenden von Jahren verwenden Menschen ihre schöpferische Kreativität darauf, das Liebesverlangen zu steigern, indem sie Reize für jeden Sinn entwickeln. Dessous für das Auge, verführerische Gerichte für den Geschmack, Düfte für die Nase, Federspielzeug oder Massageöle für den Tastsinn. Die Sexualität ist mit allen Sinnen verknüpft, und der menschliche Körper bedient auch alle Sinne.

Das Liebesverlangen beginnt unter Umständen in der Nase. Denn zum einen haben wir einen Sensor für die Lockstoffe der Haut, der Achseln, der Genitalien, die vor allem im Zustand sexueller Erregung ausgesandt werden. Zum anderen besitzt jeder Mensch einen eigenen Geruch, der uns anzieht oder abstößt. Ob wir einen Geruch mögen, ist abhängig von der ersten Situation, in der wir ihn wahrgenommen haben, und ob er kulturell positiv besetzt ist, wie der Geruch von Kaffee.

Die natürlichen Gerüche von Schweiß, dem weiblichen Sekret, dem männlichen Samen sind aphrodisische Aromen, deren Macht man vertrauen kann. Casanova schrieb in seinen Memoiren, dass es im Zimmer der geliebten Frau etwas gebe, wollüstige Ausdünstungen so intimer und balsamischer Art, dass der Liebende, vor die Wahl zwischen diesem Arom und dem Himmel gestellt, nicht schwanken würde, das Erstere zu wählen. Ein Apell, auf Intimsprays zu verzichten.

Auch Erinnerungen sind an die Sinne geknüpft, wobei der Geruchssinn der erinnerungsträchtigste und schnellste ist. Gerüche wecken sofort Erinnerungen, auch an weit zurückliegende Ereignisse. Zieht einem ein bestimmter Geruch in die Nase, steht einem unvermittelt eine bestimmte Person vor Augen.

Die folgende Übung der Sinnlichkeit können Sie mit jedem Gegenstand machen. Mit seidigem Stoff, mit einem Sextoy, mit einem Schuh, mit einem Schreibgerät, einem Buch oder einem Stück Schokolade.

Notiere deine Gedanken …

Suchen Sie sich ein Accessoire, das in Ihrem Text oder Ihrer Fantasie eine wichtige Rolle spielt. Folgen Sie den Anweisungen, um die Qualitäten des Gegenstandes mit Augen, Nase, Ohren, Zunge und Haut wahrzunehmen.
Sehen: Legen Sie den Gegenstand vor sich, beschreiben Sie ihn. Ist seine Form weich und gefällig? Oder ist sie von Ecken und Kanten geprägt?
Riechen: Elektrisiert Sie der Duft? Weckt er eine Erinnerung? Könnte er sich verändern? Durch Nässe? Durch Hitze?
Schmecken: Lecken Sie daran. Welche der vier Geschmacksrichtungen, süß, sauer, salzig oder bitter, nehmen Sie wahr? Alles andere, was Sie sonst noch wahrnehmen, riechen Sie!
Hören: Welche Klanglaute können Sie dem Gegenstand entlocken? Benutzen Sie Verben, die schon wie das Geräusch klingen: zirpen, schnurren, brüllen, säuseln, gurren, fauchen, blubbern, knacken usw.
Tasten: Schließen Sie die Augen, fühlen Sie daran, reiben Sie sich damit über den Arm, über die Wange. Leistet seine Stofflichkeit Widerstand? Streichen Sie gern darüber? Löst seine Beschaffenheit Gefühle aus? Mit dem Tastsinn den Gegenstand zu erfassen, ermöglicht es, seine Seele zu ergründen. Anfassen ist ein großes Vergnügen für Hände. Und wir haben eine Menge an Verben zur Verfügung, die schon die Art der Berührungen benennen: Tätscheln, knuddeln, prickeln, kribbeln, kratzen, liebkosen, streicheln. Schreiben Sie versuchsweise, während Sie den Gegenstand in der Hand halten.
Stellen Sie auch Fragen an den Gegenstand, die man nicht stellen würde, zum Beispiel an den Stoff. Wen könntest du kleiden, wen auf keinen Fall? Enthüllst du mir dein Geheimnis?
Schreiben Sie schnell und in einer vorgegebenen Zeit von zehn Minuten.

Nun übertragen Sie die Übung direkt auf Ihre Geschlechtsteile. Erfassen Sie Ihre Vagina, Ihren Penis mit allen Sinnen.

Sehen: Meine Vagina/Penis sieht aus wie

Riechen: Meine Vagina/Penis duftet wie

Schmecken: Mein Saft schmeckt wie

Hören: Wenn meine Vagina/mein Penis sprechen könnte, würde sie / er klingen wie

Hören: Ich nenne meine Vagina/meinen Penis

Tasten: Meine Vagina/mein Penis liebt es, wenn ich sie / ihn berühre wie

Dies ist auch eine wunderbare Übung, die man jederzeit mit seinem Partner / seiner Partnerin spielen kann. Entdecken Sie zusammen die erregende Kraft aller Sinne. Fassen Sie ihn / sie bewusst an und sagen Sie, wie gut sein / ihr Geschlecht, die Achseln, die Haut, die Haare riechen, sich anfühlen und schmecken. Gerade der Geschmacks- und Geruchssinn werden oft vernachlässigt. Beschnuppern und belecken Sie den gesamten Körper. Weiden Sie sich an ihm mit allen Sinnen. Liebkosen Sie ihn mit Worten und mit Berührungen.

Radfahren und Schreiben

So leicht es auch klingt, die Erschaffung eines poetischen Universums ist ein Kraftakt, auch psychisch. Viele Schriftsteller, u. a. Joyce Carol Oates und Haruki Murakami, vergleichen daher Schreiben und Laufen miteinander und sind gleichzeitig Läufer. Oates schreibt dazu: „Sowohl Laufen als auch Schreiben sind Aktivitäten, die süchtig machen; beide sind, in meinen Augen, unlösbar verbunden mit dem Bewusstsein." Murakami widmet seiner Leidenschaft eine Art Autobiografie *Wovon ich rede, wenn ich vom Laufen rede.*
Die beiden Tätigkeiten haben mental viel gemeinsam. Für beides benötigt man Ausdauer, man muss über eine lange Strecke durchhalten, Durststrecken durchstehen, sich überwinden dranzubleiben, auch wenn man glaubt, dass man nicht mehr weiterkann. Deshalb habe ich mir schon oft überlegt, das Laufen anzufangen, aber eigentlich bin ich Radfahrerin. Diesen Sport übe ich regelmäßig aus. Ich hoffe, dass das Radfahren einen ähnlichen Effekt generiert. Auch da weiß ich, dass ich zwei Stunden auf dem Rad sitze, dass ich durchhalten werde, dass ich den Berg bezwingen werde und es danach leicht und locker ins Tal gehen wird. Sitzfleisch und Rückenmuskulatur werden auf jeden Fall für das lange Sitzen vor dem Computer trainiert.
Der Autor braucht dieselbe Konzentration und Kraft, die ein Läufer oder Radfahrer aufbringen muss, um sein Ziel zu erreichen. Ebenso wenig wie der Läufer sofort einen Marathon laufen oder der Radfahrer die *Tour de France* mitfahren kann, kann der Autor ohne Training einen Roman schreiben. Er braucht ein tägliches Schreibtraining, Schreibziele und oft auch festgesetzte Schreibzeiten; seine Werke erfordern Planung und Motivation. Mit mäßigem Tempo beginnen, den Schreibfluss mit Schreibübungen in Gang bringen, um dann in ein regelmäßiges und rhythmisches Schreiben zu kommen, dranzubleiben, sich durch schwierige Passagen zu kämpfen. Ja, so könnte es gelingen.
Genau hier setzt dieses Training zum erotischen Schreiben an. Trainieren Sie Ihre Schreibstimme und Ihre Kreativität. Das Schreibtraining beruht auf der Erfahrung, dass schon bald leicht und locker

geht, was trainiert wird. Man entwickelt eine Routine, verliert die Angst und wird durch Übung besser, genau wie beim Sport. Trainieren Sie! Schreiben Sie! Notieren Sie, was Sie fühlen, wenn Sie sich körperlich verausgaben, sei es beim Sex, beim Joggen, beim Radfahren, beim Snowboarden oder beim Schwimmen. Und wer glaubt, dass Training beim Sex nichts bewirkt, ist wohl nicht ganz auf dem Stand der neuesten Erkenntnisse. Eigene Lustwege zu trainieren und den Körper zu beherrschen, lässt höheren Genuss entstehen. Spannung und Entspannung der Muskeln führt letztendlich zum Orgasmus – beim Mann wie bei der Frau. Trainiert der Mann, den Orgasmus zu kontrollieren, wird es zu einer befriedigenderen Sexualität für beide Partner führen. Atmung und Tempo spielen genauso eine Rolle wie beim Sport.

Überwinde dich, schreib einfach …

Verbinden Sie die drei Aspekte Sexualität, Sport und Schreiben in einer beliebigen Kombination miteinander. Wann hatten Sie beim Sport oder beim Schreiben ein orgiastisches Erlebnis?

I want to ride my bike

Langsam ging Sascha nach Hause. Die Sporttasche, die er lässig über die Schulter gehängt hatte, schlug ihm bei jedem Schritt gegen die Hüfte. Die Scheinwerfer der Autos spiegelten sich auf der nassen Straße. Seine Hosenbeine waren feucht vom aufspritzenden Wasser der Reifen. Es roch nach Herbst. Die Zeit, um in der Natur Fahrrad zu fahren, war vorbei. „Schade eigentlich", dachte er, „aber andererseits geht es mir super. Der Trainer heute hatte was, seine Musik peitschte einen voran, mich zumindest, und dabei fauchte er Anweisungen wie ‚fester, fester' und ‚mit Kraft' und ‚durchhalten, noch fünf Minuten', und ich wusste, ich soll alles geben und ich habe alles gegeben."

Er schüttelte seine Haare, eine Gänsehaut lief ihm über den Brustkorb. Irgendwann auf dem Bike kam der Moment, an dem er aufhörte zu denken, wo er nur noch fühlte: seinen Körper, den Schweiß, die Musik. Die Musik half ihm, in die Welt seiner Fantasien einzutauchen. Sobald sie einsetzte, driftete er ab. Der Rhythmus war das Entscheidende. War er von entfesselter urtümlicher Kraft, zischte und stampfte er, zog er ihn voran, hinaus aus dem Spinningraum in das barocke Spielzimmer seiner Herrin, in dem die roten Samtvorhänge immer zugezogen waren, das Licht des Kristalllüsters ihre wenig nackte Haut wie Seide schimmern ließ und das makellose Schwarz ihrer strengen Kleidung noch vertiefte. Diesmal hatte Sascha an den Moment gedacht, an dem er vor ihr gekniet hatte. An dem er seinen Kopf so tief gebeugt hatte, dass er zwischen seinen ausgestreckten Armen ruhte. An dem sie befohlen hatte, dass er seinen Hintern weiter nach oben zu schieben habe. An dem sie mit ihren lederüberzogenen Fingern, kontrolliert und präzise, seine Hoden zusammengepresst hatte, weil er nicht schnell genug gehorcht hatte.

So wie der Trainer mehr forderte, war ihr Blick herrisch, und er gab mehr, als er je geglaubt hatte zu schaffen. Er kämpfte und trat in die Pedale, der Rhythmus der Musik trug ihn, dabei sah er trommelschlagende nackte Männer, die zur Musik stampften. Er roch einen Hauch von Waldboden und Moos, der sich mit dem Duft der in Leder gewandeten Frauen mischte, die auf ihren Schuhen erhöht im Fackelschein standen und dem Treiben der Männer mit strengen Blicken folgten. Bilder von grausamen Riten und gequälten Leibern brannten sich wie

Fieberfantasien in sein Gehirn. Der Himmel wölbte sich dunkel über ihm. Wenn die Musik abflachte und er entspannte, ließ er den Schmerz von dem Absatz ihres High Heels, der sich in seinen Handrücken bohrte, verwehen. Den süßen Schmerz, der ihm auferlegt worden war, weil er nicht laut genug die Worte ausgesprochen hatte, die sie hören wollte: „Ja, Herrin, meine Gebieterin."

Der Schmerz der Bestrafung war vergessen, wenn er ihren Lederstiefel küssen durfte und hoffte, dass seine gehauchten Worte sie erfreuten. „Danke Herrin, meine Hingabe gehört Ihnen." Einfach nur genießen, in ihrer Nähe zu sein und die irre Intensität zu spüren, wenn sie die Peitsche mit den Worten „Kraft und Kontrolle" auf seinen Hintern sausen ließ und seinen Schwanz in die Hand nahm, um zu prüfen, wie standfest er war. Die Peitsche drohte ihn in die wirbelnden Wassermassen eines Flusses zu stoßen, um ihn fortzureißen. Ihre Berührung, gedacht, seinen Schmerz zu lindern, durchfuhr ihn wie ein Stromstoß. Nach stundenlangem Spiel brannten seine Schenkel, sein Leib stand in Flammen, sein Verlangen zu kommen war so drängend, dass er schon stöhnte, wenn er nur die Wärme ihres Atems spürte. Ein Schweißfilm bedeckte seinen Körper, als er in die Schale kommen und seinen eigenen Saft trinken durfte. Obwohl die Grenze der Erträglichkeit erreicht war, hatte er sich doch gewünscht, dass sich die süße Qual ewig verlängert. Dann zum Abschluss durfte er ihren Saft von seiner Hand lecken, den sie sich darauf getupft hatte, um ihm zu zeigen, wie sehr er sie erfreut hatte.

Wenn im Spinningraum die Töne von Schillers Song Du bist nicht allein erklangen und eine Frauenstimme sagte „ein schöner Tag geht zu Ende und nichts ist mehr, wie es war", dann wusste er, was sie bedeuteten, diese Worte. Denn er kannte diese Momente, in denen er erschöpft nach vorne sinken durfte, aufgefangen und gehalten wurde, und das war gut so. So war es beim Spinning, wenn er alles gegeben hatte, und so war es bei ihr, wenn er sich ihr geschenkt hatte. Sein Herz tanzte, sein Körper bewegte sich über Grenzen und sein Geist flog einfach weg. Dabei war er nur im Sport gewesen, hatte seine Figur knackig und gelenkig gehalten für den besonderen Sex mit ihr, der ihn jedes Mal über sich hinausführte, wie das Rasen den Berg hinunter, der Tritt in die Pedale am Berg. Den Donnerstag sollte er sich merken, das schien ein gutes Training zu sein.

SM – Sado-Masochismus oder Sinnliche Magie?

Die Schriftsteller Marquis de Sade und Leopold von Sacher-Masoch haben in ihren Werken Gewalt und Sexualität auf sehr unterschiedliche Weise zusammengebracht und dafür jeweils eine eigene Sprache gefunden. Die Fantasien, die ihre Helden und Heldinnen ausleben, prägen die Vorstellung von diesen sexuellen Präferenzen bis heute. Basierend auf den jeweiligen literarischen Werken haben sich ihre Namen mit den Spielarten verbunden. Dafür ist der Psychiater und Gerichtsmediziner Richard von Krafft-Ebing verantwortlich. Er leitete aus den Namen der Schriftsteller Sacher-Masoch (Masochismus) und de Sade (Sadismus) die Begriffe ab.
In seiner *Psychopathia sexualis* (1886) werden sie als Perversionen aufgeführt, da sie vom allgemeinen Sexualverhalten abweichen.
Er lebte in einer Zeit der unterdrückten Triebe. Seine medizinische Abhandlung wurde gierig aufgesogen.
Eine ähnliche Prägung unserer Vorstellung, diesmal von weiblicher Unterwerfung, gelang 1954 Dominique Aury. Unter dem Pseudonym Pauline Réage veröffentlichte sie den erotischen Roman *Geschichte der O*. Die O lässt ihr eigenes Bewusstsein auslöschen und unterwirft sich dem Willen des Mannes. Den Ring der O sieht man heute auf jeder Fetischparty als devotes Bekenntnis. Was für eine Leistung der Literatur.

Sacher-Masoch (1836 –1895) war ein gefeierter und geehrter Autor, dessen Liebesspiele, beschrieben in seinen Büchern wie *Venus im Pelz* oder *Die geschiedene Frau*, berühmt geworden sind. Severin, der Protagonist aus *Venus im Pelz*, schließt Verträge darüber ab, welche Handlungen an ihm erlaubt und verboten sind. Er empfindet sexuelle Befriedigung, wenn er Verkleidungen trägt, sich erniedrigen und demütigen lässt, gefesselt und gepeitscht wird, am liebsten von einer Frau, die für ihn die Venus im Pelz darstellt. Er zieht seine Lust nicht aus dem Schmerz im Allgemeinen. Befriedigung erhält er in der sinnlichen Kombination von Ritualen, die der Lusterfüllung vorausgehen: das Warten, die Fesselung, der Fetisch, die Demütigung, die Bestrafung. Schmerz allein schafft keine Lust. Damit er genau das erhält, wonach er sich sehnt, muss Severin seine Bedingungen in einem Vertrag festlegen.
Marquis de Sade (1740 –1814) erschuf hingegen Protagonisten, die die Idee des Bösen und des Verbrechens reizt. Sie suchen unfreiwillige Opfer, an denen sie sadistische Handlungen ohne deren Einwilligung vornehmen. Es ist die pure Lust an der Zerstörung.
De Sade verbrachte wegen seiner realen Exzesse viele Jahre im Gefängnis und schrieb dort seine Bücher. In *Die hundertzwanzig Tage von Sodom* geht es um Folterungen und Erniedrigungen, die keinesfalls der Lust des Opfers dienen sollen.
De Sade und Masoch haben demnach nicht dasselbe Verhalten aus zwei Perspektiven erzählt, sondern etwas grundsätzlich Verschiedenes beschrieben, auch wenn beide Sexualität, Obszönität, Gefahr und Gewalt verbinden. Das sollte man sich unbedingt vor Augen führen, bevor man behauptet, Masochismus sei passiv und feminin, Sadismus hingegen aktiv und maskulin, und beide würden sich bedingen, seien eine Einheit im selben Spiel. Dem ist nicht so, auch wenn die Begriffe zusammengesetzt wurden. Autoren von SM-Literatur sollten die Literatur der Namensgeber wenigstens kennen.
Wer mehr darüber wissen will, sollte die Studie von Gilles Deleuze *Sacher-Masoch und der Masochismus* lesen, die in dem Insel-Taschenbuch *Venus im Pelz* von 1980 erschienen ist. Eine weitere empfehlenswerte Studie ist die von Elke Heitmülller, *Zur Genese sexueller Lust: Perverse Mutationen: Von Sade zum Sad(e)ismus*. Inter-

essant finde ich den starken Fokus der Medien immer wieder auf die weibliche Unterwerfung, wo doch Sacher-Masoch seine männlichen Helden von starken üppigen Frauen mit gebieterischem Willen und einer gewissen Grausamkeit peitschen und demütigen lässt. Außerdem zeigt ein Blick auf entsprechende Foren und Kontaktanzeigen, dass die Anzahl der Männer, die Herrinnen suchen, nicht gering ist. Schade, dass dies in der Literatur so selten vorkommt.
Die sexuelle Spielart des Sadomasochismus trägt zwar den Begriff des Sadisten und damit die Vorstellung aus de Sades Büchern in ihrem Namen, doch ist sie weit von den Grausamkeiten der Libertins in Marquis de Sades Werken entfernt. Heute heißt es ausdrücklich „im gegenseitigen Einvernehmen".
Stina und Jack, ein Paar, das ich für mein Buch *Die Nacht der Masken* interviewt habe, formulieren es so:
Jack: Wir beschränken uns auf einfache Dinge wie Klammern an den Nippeln und den Schamlippen.
Stina: Alles nur so weit, wie es Spaß macht und Lust bereitet. Definitiv nichts, wozu ich mich zwingen muss.
Jack: Versuch mal, jemandem zu erklären, dass Frauen Klammern an den Nippeln und an den Schamlippen Spaß machen können. Da sieht man, wie weit wir schon sind, dass das für uns nichts Besonderes mehr ist. Andere sagen da: „Bitte? Klammern an den Nippeln? Aua!"
Stina: Jeder hat eben sein eigenes, sehr individuelles Lustempfinden.
Hier noch ein Zitat aus *Matter of Trust/Sache des Vertrauens* von Claire Garoutte, die einfühlsame Gespräche mit Frauen über ihre lesbische sado-masochistische Sexualität geführt hat.
J. (Bottom): „Viele Leute aus der SM-Szene denken, dass es am intensivsten ist, wenn es um brutales Auspeitschen und Stockschläge geht. Für mich ist es weit emotionaler und spiritueller, wenn der Schmerz langsam zugefügt wird. Mit diesen Gefühlen umzugehen, ist schwerer und viel herausfordernder als die rohe körperliche Energie des Auspeitschens. SM ist für mich spirituell, weil er mir eine andere Perspektive auf meinen Körper, meine Sexualität, auf meine eigene Energie und auf die meiner Umwelt schenkt. Er macht mich stärker."
Sadomasochisten bevorzugen das Kunstwort BDSM: Bondage & Discipline, Dominance & Submission, Sadism & Masochism.

Solange sie als persönliche erotische Spielarten im gegenseitigen Einverständnis gelebt werden, gelten sie auch nicht mehr als Störungen, die behandelt werden müssen. SM wird heute gesehen, als wäre es eine Praktik gegen Langeweile im Bett.
Aber SM kann auch für Sex (voller) Magie stehen, als Spiel mit definiertem Machtgefälle – auch das gehört zum SM-Wunderland. Der Kick dabei ist, Unerhörtes geschehen zu lassen.
Unter dem Buchstaben *S* des Alphabets in dem erotischen *Abecedarium* könnten noch viele Wortimpulse zu dieser Spielart der Lust stehen: Sklave, Spanking, Strafe, Stiefel, Switcher, Schmerz …
Die Erfahrung des Schmerzes ist subjektiv. Die Angst vor Schmerz macht ihn schlimmer. Manche nutzen nur diese Angst zur Erregung, indem sie ihrem Partner Dinge ins Ohr flüstern, die sie mit ihm tun werden, ohne je zu beabsichtigen, diese auch auszuführen. Hingegen wird oft angekündigt, wie viele Schläge jemand auszuhalten hat und dass es der Herrin / Dom / Top gefällt, wenn der Sklave / die Sub / der Bottom dies aushält. So wird die Schmerzempfindung gemildert, weil man an etwas Edleres, Wichtigeres denkt, an die Liebe und das Vertrauen zum Beispiel. Dazu kommt, dass das Gehirn beim Sex so viele Lustsignale empfängt, dass man ein gewisses Maß an Schmerz gut aushält. Außerdem ist bei den Inszenierungen der BDSM-Welt die Konzentration auf die Umgebung, auf die Rituale, auf vieles andere gerichtet, sodass Schmerz bis zu einem gewissen Maß ausgeblendet werden kann oder der Schmerz die Lust sogar weiter erhöht. Für das Schreiben also ein weites Feld an opulenter Ausstattung der Räume, der Nebenhandlungen und der Gedanken der Beteiligten.
Kürzlich erzählte mir ein Mann, er habe mit SM nichts zu tun, auch wenn er seiner Geliebten gern ein paar Schläge mit der Hand auf den Po verpasse. Es stehe sogar im *Kamasutra,* der indischen Sammlung von Liebestechniken, dass ein paar Schläge mit der Hand dem Liebesspiel dienlich seien und die Leidenschaft entfachten. Er nennt es SexualMagie.
Welchen Begriff auch immer man bevorzugt – Sinnliche Magie, Special Magic – es ist auf jeden Fall eine feine Spielart der Erotik, die Vertrauen und Kreativität voraussetzt.

Du bist dran …

Was denken Sie bei der Spielart SM? Versuchen Sie, Ihre Gedanken in einem Gedicht zu fokussieren.

Hafen der Gefühle

*Hallo!, sagt die Perversion,
da laufe ich ein.
Der Irrsinn ruft,
da tobe ich mich aus.*

*Die Psychose befestigt
das Seil an der Boje.
Während die Schizophrenie
am Kai steht und winkt.*

*In den Planquadraten
der Krankenhäuser
wird gewogen und vermessen,
nur der Durchschnitt wird
als gesund entlassen.*

*Auf einer Insel
sammeln sich die Gesetzlosen,
zwielichtige Gestalten,
Freaks und Ausgestoßene.
Tortuga, so lautet der Name des Hafens,
den du finden willst,
dort ankert die Abweichung.*

Haut

*Leder frisst
Blüten in meine
Milchhaut.
Striemen wie Risse
im Porzellan.
Salz auf meiner Haut
Honig in deinen Augen
sanft in meinen.*

Spiel ... Regeln

Jedes Spiel hat seine Regeln. Doch für etwas so Freies und Wildes, so Schöpferisches wie Sex und Schreiben gilt das nur bedingt. Obwohl es so viele Bücher und Artikel dazu gibt. Wenn man sie liest, wird einem schnell klar, dass sich die aufgeführten Regeln und Tipps sogar widersprechen. Die einen sagen, fangen Sie nie eine Geschichte an, deren Ende Sie nicht kennen. Die anderen sagen, kenne nie das Ende einer Geschichte im Voraus. So muss jeder für sich entscheiden, ob die Ratschläge für die Geschichte geeignet sind, die man erzählen möchte. Außerdem sind die spannendsten Texte oft die, die bekannte Regeln brechen. Es ist letztendlich die Entscheidung des Autors, eine Regel, die er kennt, nicht zu beachten.
Keine Regeln zu befolgen heißt nicht, wie unter dem Stichwort *Magische Momente* erwähnt, darauf zu verzichten, sich mit dem Handwerk zu beschäftigen, ein Synonymlexikon zu besitzen und die Grammatik zu beherrschen. Um eine Regel bewusst brechen zu können, um einen bestimmten Effekt zu erzielen, muss man sie zunächst einmal kennen.
Genauso wie es nützlich ist, den Körper zu kennen, wenn man guten Sex haben will. Aber das war es dann auch schon mit den sinnvollen Regeln. Wenn ich in Sex-Kolumnen lese, was ein *No Go* sein soll, denke ich manchmal: Ach, das soll abtörnen? Mich törnt das an. Das, was einen Menschen erregt, seine Wünsche und sein Begehren, sind so individuell wie ein Fingerabdruck.
Jeder Körper reagiert anders, nichts kann einfach ohne Weiteres von einem Menschen auf den anderen übertragen werden. Das macht Sex auch so spannend. Die Aufmerksamkeit, die ich jedem Partner neu gebe, um herauszufinden, wie er reagiert, was ihn erregt, damit ekstatische Momente erlebt werden. An den Reaktionen des anderen lerne ich jedes Mal Neues kennen, über ihn und über mich.
Die Parallelen zwischen Schreiben und Sex drängen sich hier förmlich auf: Diese Freiheit, diese Lust am Entdecken, diese Bereitschaft, sich einzulassen, dieser Mut, den man dazu braucht. Eigentlich gilt nur eines: Regeln sind da, um gebrochen zu werden.

Schaukel, ein Bildimpuls

Die Schaukel, Jean-Honoré Fragonard, 1767-1768

Die Kunst bietet ungezählte Möglichkeiten, sich inspirieren zu lassen, wenden sich doch Künstler aller Jahrhunderte begeistert dem Erotischen zu. Unter *Kunst inspiriert* fordere ich Sie auf, Kunstmuseen zu besuchen. Nicht immer ist es möglich, und so empfehle ich Ihnen, stattdessen in Kunstbänden zu blättern. In dem liebevoll gestalteten Kunstband *Erotische Kunst* von Pippa Hurd entdecken Sie Meisterwerke der lustvollen Verführung, der Tarnung, der Täuschung oder der Leidenschaft von der Antike bis heute. *EROS in der Kunst der Moderne* hingegen bebildert ausführlich das späte 19. Jahrhundert und die vom Eros bewegte Kunst der Gegenwart. In dem Band *erotica universalis* geht es von unbekannten Künstlern aus Pompeji bis zu Toni Ungerer explizit zur Sache. Zeitgenössische Kunst finden Sie auch in jeder Ausgabe des erotischen Jahrbuchs *Mein Heimliches Auge*.

Mit ihrer erotisch aufgeladenen Atmosphäre regen die Bilder zu kleinen Geschichten an, dienen als Türöffner in den eigenen Fantasieraum, indem man sich einfach vorstellt, was sich darauf abspielen könnte.

Für den Bildimpuls habe ich mich für ein Werk von Jean-Honoré Fragonard (1732 –1806) entschieden. Seine Zeit war das heitere Rokoko, ein Zeitalter, in dem zweideutige Bilder voller sexueller

Anspielungen groß in Mode waren. Fragonard galt als Meister dieser Zweideutigkeit, des Vergnügens und der Lust. Seine Darstellungen von unschuldigen Spielen waren in Wahrheit hocherotisch aufgeladen. Um die Brisanz der Szene *Die Schaukel* zu erfassen, muss man sich an die Stelle des jungen Adligen, der sich im Buschwerk versteckt, versetzen und seinem Blick folgen. Die Dame auf der Schaukel gewährt ihm einen Blick unter ihre bauschig aufwehenden Röcke, indem sie ihren Schuh wegschleudert. Mit dem Werk *Die Schaukel* hatte Fragonard ein eigenes Genre begründet und dem voyeuristischen Blick des Mannes eine neue Perspektive gegeben. Man spricht vom delegierten Blick: Nicht der Betrachter des Kunstwerks genießt den Anblick, sondern sein Stellvertreter innerhalb der Bildwelt. Beim Betrachter wird dennoch die Fantasie angeregt. Umso mehr, wenn er weiß, dass die Frauen in jener Zeit zwar Korsetts, Strümpfe und Unterröcke trugen, jedoch keine Unterwäsche im heutigen Sinn.

Erzähl deine Geschichte …

Beschreiben Sie zum einen, was Sie sehen, und versuchen Sie zum anderen, Ihre Gefühle genau zu benennen. Entwickeln Sie eine Szene aus dem Bildmotiv heraus. Wo sehen Sie sich? Sind Sie die Dame, die beschwingt ihre Röcke bauschen lässt? Sind Sie der junge Mann, der den reizenden Anblick genießt? Sind Sie der Priester, der die Schaukel in Schwingung versetzt? Sind Sie Amor, die Statue des geflügelten Knaben am linken Bildrand? Sind Sie der Kunstgenießer vor dem Bild?
Wenn Sie die Szenerie zu einem ganz anderen Gedanken anregt, auch gut, dann schreiben Sie darüber.

Tabu und Tabubruch im Erotischen

Kampagne für das Magazin DEUTSCH, 2007

Mädchen mit Hund, Jean-Honoré Fragonard, um 1770

Tabubrüche kennen wir aus der Literatur, der Malerei, der Fotografie und der Werbung. Ob ein erotisches Motiv eine Provokation darstellt, ist dem Zeitgeschmack und den wechselnden Moralvorstellungen unterworfen. Zwischen dem Gemälde *Mädchen mit einem Hund* (Jean-Honoré Fragonard, um 1770) und dem Anzeigenmotiv einer Werbekampagne, konzipiert von der Agentur Jung v. Matt für das Lifestyle Magazin DEUTSCH, liegen über 230 Jahre. Beide zeigen anscheinend nur ein Herumbalgen mit einem Hund. Doch die Posen sind so gewählt, dass sie die Fantasie des Betrachters in sexuelle Bahnen lenken und ihn anregen, die Situation umzudeuten. Das Gemälde mit dem Hündchen, das mit seinem flauschigen Schwanz zwischen rosigen Mädchenschenkeln wedelt, gilt als Beispiel für die fein ausbalancierte Gratwanderung zwischen Diskretion und Vergnügung des Rokokos. Während bei der stürmischen Attacke des Schäferhundes der Vorwurf der Sodomie geäußert wurde. Die Kampagne wurde aufgrund der heftigen Kritik gestoppt.

Nicht nur Bilder unterliegen den Sehgewohnheiten einer Kultur und ihrer Einstellung zur Sexualität, sondern auch die Literatur den Lesegewohnheiten und die erotische sowieso, vor allem, wenn sie als pornografisch eingestuft wird. Im Mai 1969 stellt der Bundesge-

richtshof fest: Was Kunst und was Pornografie ist, ist zeitbedingt. Als Giacomo Girolamo Casanova (1725 –1798) seine legendären Memoiren, *Geschichte meines Lebens*, schreibt, hofft er nicht auf Veröffentlichung. Aus Angst vor einem Verbot erscheint 1821 eine stark entschärfte Ausgabe, dennoch wird sie sofort auf den päpstlichen Index gesetzt. Heute gilt Casanova als großer Schriftsteller. Zensierte Bücher werden in den Bibliotheken in den sogenannten Remota[35] oder auch schlicht *Giftschrank* genannten Zimmern oder Möbeln eingeschlossen.
Der Giftschrank der französischen Nationalbibliothek hält unter anderem auch einige illustrierte Ausgaben von Casanovas Lebensbeichte unter Verschluss. Die Werke von Marquis de Sade (1740 –1814) werden schon zu seinen Lebzeiten verboten – in Deutschland bleiben sie es bis in die 1960er Jahre. Als das Buch *Venus im Pelz* 1870 erscheint, verursacht es kaum Aufregung. Erst 1958 wird es in der BRD indiziert. Heute ist es wieder erhältlich. Auch die *Geschichte der O* wird nach Erscheinen sofort auf den Index gesetzt. Ich will hier nicht sämtliche Erotik-Literatur-Klassiker aufzählen, die zumindest eine Zeit lang auf dem Index standen, sondern nur Beispiele nennen. Tatsächlich waren es sehr viele.
Um die Titel, die der Zensur unterlagen, trotzdem vertreiben zu können, wurden Ausgaben gedruckt, bei denen die Namen von Figuren, Autoren, Verlegern und Erscheinungsorten fiktionalisiert waren. Aufgrund dieses Umstandes und der Tatsache, dass sie nur schwer erhältlich waren, verstärkte sich der Eindruck, dass es sich um Raritäten handelte, und besondere Ausgaben erreichen hohe Sammlerwerte.

Erotik ist vielschichtig, oft widersprüchlich, wird gepaart mit Aggressivität, mit Tod, mit Sadismus, mit Wahn, mit Religiosität, mit Spiritualität, mit Tragik, mit Schmerz, mit Abnormität, mit Revolution, mit Humor, mit Zärtlichkeit, mit Liebe, mit Glück, mit Verführung. Es gibt letztendlich keine Tabuthemen mehr. Die Triebe Liebe und Tod werden im Thriller verarbeitet, als ob sie sich gegenseitig bedingen. Gewalt und Sexualität werden häufig in der Genre-Literatur der historischen Romane, der Horrorgeschichten, Science-Fiction- und Fantasy-Romane miteinander verbunden. Dagegen wird die Liebe, die Leidenschaft, die Zärtlichkeit in Liebesromanen, in sogenannter Frauenliteratur und wiederum im historischen Roman mit Erotik gepaart. Alles scheint möglich und wird von den Medien gern als erotische Sensation gehypt. Egal ob Nicholson Baker in *Das Haus der Löcher* Absurdes mit Sex verbindet, ob Charlotte Roche in *Feuchtgebiete* Ekliges mit Erotik zusammenspannt oder ob in *Fifty Shades of Grey* ein konventioneller Liebesroman mit Sadomasochismus verknüpft wird.

Notiere deine Gedanken …

Tabus unterliegen in jeder Zeit anderen Bedingungen. Ebenso wie Zensur und Toleranz. Welche Tabus hat unsere Zeit noch? Welche haben Sie?
Über Tabus haben wir uns schon einmal in Bezug auf unsere Familie, Freunde und Nachbarn im Kapitel *Bizarre Gedanken – Was werden meine Eltern von mir denken?* Gedanken gemacht. Hier geht es eher um kalkulierte Tabubrüche, die man nutzt, um Aufmerksamkeit zu erregen. Provokationen, die Empörung hervorrufen. Sicher, heute ist das schwerer als noch vor hundert Jahren. Aber immer wieder gelingt es. Fragen Sie sich, wo ist Ihre Grenze, und schreiben Sie an dieser Grenze entlang.

November-Blues

Zunge tanzt wie eine Feder
auf der Haut aus Porzellan.
Herz trommelt im Rhythmus:
Fass mich an!

Finger drehen Knoten
in Haare aus Seide.
Atem fleht:
Nimm mich!

Stimme spricht Worte
in Ohren auf Empfang.
Gedanken singen:
Fühl mich!

Körper schwingt im Schatten
Mondschein spinnt Fäden.
Das Fleisch im Dunkeln:
Fick mich!

Tango – eine Frage des Rhythmus

Jeder Text hat seinen Rhythmus, gleichmäßig oder ständig wechselnd, langsam oder schnell, einem Walzer oder eben einem Tango gleichend. Mancher Schriftsteller orientiert sich an musikalischen Formen, andere an poetischen. Daneben gibt es Texte, die an eine freie Improvisation erinnern. Die Schriftstellerin Eva Menasse verriet in einem Interview, dass sie sich beim Nachdenken über ihre Figuren Töne und Melodien anstatt psychologisierender Adjektive vorstellt. Das funktioniert, weil im Ton und im Rhythmus der Charakter des Menschen mitschwingen kann. Im Rhythmus des Tangos werden beispielsweise die Unterschiede von weiblichen und männlichen Rollen inszeniert, sodass ihm pure Erotik und Leidenschaft inne-

wohnt. Es kommt auf die richtige Geschwindigkeit an, mit der die Tanzenden ihre Figuren entfalten. Schnelle Drehungen wechseln sich mit beinahe trägen Bewegungen ab. Ein Anfänger hat den Eindruck, dass es schier unmöglich ist, die Bewegungskunst zu lernen: Gleichzeitig Musik hören, an die nächste Schrittfolge denken und dabei womöglich noch mit einem Fremden tanzen. Tango lernt niemand im Schnellverfahren, es dauert seine Zeit, bis die Tänzer die Schritte beherrschen. Ganz ähnlich ist es beim Schreiben, auch dabei dauert es, bis man den Leser (ver-)führen kann. Als ich mit einer Tangotänzerin darüber sprach, ob sie diesen Tanz liebt, weil sie sich fallenlassen kann, da der Mann führt, widersprach sie. Sie würde nie mit einem Partner tanzen, der sie auf eine Weise führe, die sie nicht will. Eigentlich mache der Mann ihr Bewegungsvorschläge – die sie allerdings nur selten ablehne. Die Kunst des guten Tänzers sei es, sich auf den Partner einzustellen und zu erspüren, zu welchen Figuren er einladen könne. Der Partner inspiriere wiederum zu weiteren Vorschlägen.
Ähnlich ist es beim Schreiben, der Autor macht dem Leser Vorschläge, wie er die Geschichte interpretieren kann. Was der Leser nicht mag, sind Vorgaben, was er zu fühlen hat. Nein, er will sich in die Figur hineinspüren, seine Widerstände gegen eine Figur von allein aufgeben und nicht gesagt bekommen, dass er eine Figur mögen muss. Unter Umständen verschmilzt er mit der Figur. Die Figuren folgen einer Choreografie, die der Autor festlegt, nichts geschieht zufällig. Das ist wie beim Show-Tangotanzen.
Wie ein Showtänzer, der täglich viele Stunden übt, trainiert der Autor sein Können in Sätzen. Was natürlich nicht bedeutet, dass es verwerflich wäre, auch einfach mal loszutanzen, so wie beim Kreativen Schreiben, spontan.

Untendrunter oder der Subtext eines Dialoges

Was Menschen untendrunter tragen, das erfährt jeder, der ab und zu mit anderen Menschen eine Umkleide teilt. Selten sind es die sexy

Dessous oder heißen Boxershorts. Meist ist es alltagstaugliche Wäsche, im schlimmsten Fall lieblos ausgesucht oder schon zerschlissen. Aber wenn sich Mann und Frau daran machen, auszugehen, sieht es anders aus. Da werden Sehnsüchte und Wünsche sichtbar. Unter der Jeans werden frivole Strings versteckt, die deutlich sagen: „Ich will Sex!" Unterwäsche, die verrät: „Ich bin schüchtern!" Pants, die suggerieren: „Ich bin ein Superman!"
So ähnlich ist es bei einem Dialog. Das, was gesagt wird, und die Botschaft, die darunter liegt, sind oft zweierlei.
Der Dialog offenbart die Beziehung zwischen den Sprechenden, wie Vertrautheit, Freundschaft, Feindschaft, berufliche Hierarchie usw. Eine Figur kann auch Ereignisse voraussagen. Wenn ein Dialog optimal gelingt, besitzt er einen Subtext. Elisabeth George beschreibt es so: „Ein Subtext ist das, was die Figuren in einer Szene eigentlich, zwischen den Zeilen, sagen und denken, während sie reden. Er entsteht dann, wenn der Autor seine Figuren und ihre Probleme genau kennt."
Das Kernbedürfnis einer Figur bestimmt den Subtext entscheidend mit. Auch im wahren Leben sagen die Menschen nur selten, was sie wirklich denken. Sie reden um das Eigentliche herum. Dennoch ist ein Dialog kein Protokoll eines tatsächlichen Gesprächs. In einem realen Gespräch beantwortet in der Regel einer Fragen, die an ihn gerichtet sind. Aber ein geschriebener Dialog ist interessanter, wenn eine Frage nicht mit der erwarteten Antwort endet, sondern mit einer Gegenfrage oder einer verblüffenden Äußerung. Der Leser fängt dann an, sich für die Figuren zu interessieren, für die Argumente, die sie austauschen, wenn der Dialog indirekt geführt wird. So lehrt es auch Sol Stein, der *Creative-Writing*-Lehrer, den ich hier schon öfter zitiert habe.[37]

Achte nicht auf Grammatik, Rechtschreibung oder Zeichensetzung …

Schreiben Sie einen Dialog mit stark ausgeprägter Doppeldeutigkeit, zum Beispiel über die Frage, ob Sex ohne Liebe okay ist und

ob es sowohl für Frauen als auch Männer erlaubt ist, dass es einfach nur um Lust geht.
Lesen Sie ihn laut vor. Nur so können Sie prüfen, ob er sich tatsächlich so anhört, als könnten Menschen so etwas sagen.

Der Traum der Fischersfrau. Katsushika Hokusai circa 1820

Schaut man über Europas Grenzen hinaus, entdeckt man neue überraschende Bilderwelten. Zum Beispiel hat in Japan das Motiv *Taucherin mit Krake* eine lange Tradition. Eine nackte Fischerin oder Perlentaucherin wird im Wasser von einem Kraken liebkost. Die Meereswellen symbolisieren die Leidenschaft, der Oktopus die Vereinigung zwischen Mann und Frau. Wer ein Beispiel sucht, kann sich den Holzschnitt *Der Traum der Fischersfrau,* ein Werk des Künstlers Katsushika Hokusai (1760 – 1849) ansehen. Das Bild ist offen für eigene Gedanken: Wie fühlt es sich an, wenn sich ein Krake gierig an Scham und Mund festsaugt? Warum bietet die Frau nicht all ihre Kräfte auf, das Tier abzuschütteln? Warum leuchtet stattdessen ihr Gesicht voller Hingabe? Warum träumt sie so einen Traum? Ist es tatsächlich ihr Traum oder der eines Mannes? Holländische Kaufleute brachten Ende des 19. Jahrhunderts solche Blätter, genannt Shungas, aus Japan mit. Diese Bilder, auch Frühlingsbilder – Frühling als Metapher für Sex – genannt, haben in der japanischen Kultur eine lange Tradition. Sie dienten der erotischen Stimulation und Ergötzung. Eine Bilderfolge besteht meist aus zwölf Bildern, jede Szene ist einem Monat zugeordnet. Üblicherweise thematisiert das erste Bild die Vorbereitung auf das eigentliche Liebesspiel, indem zum Beispiel das abgebildete Paar in einem Shunga-Album blättert, das sie sich als Anregung gemeinsam ansehen. In der Abfolge der Motive fordern sie dazu auf, alle Vergnügungen auszukosten, die das Liebesleben zu bieten hat. Meist trägt das Liebespaar traditionelle japanische Gewänder, die sehr kostbar sind. Der geschlossene Kimonogürtel der Frau bedeutet, dass das Liebesspiel noch nicht begonnen hat, später ist der Gürtel gelöst und symbolisiert den Orgasmus der Frau. Meist sind die dargestellten Frauen berühmte Kurtisanen oder schöne Schauspielerinnen.

Am Anfang waren es gemalte Blätter, ab dem 17. Jahrhundert wurden sie in der Technik des Farbholzschnittes gefertigt. Maler wie Klimt, Toulouse-Lautrec und Matisse erkannten ihre Qualität und waren beeindruckt. Die Sorgfalt, mit der die Motive ausgearbeitet sind, der kunstvolle Vierfarbendruck, mit Gold und Schrift weiter verfeinert, und die Symbolik zeugen von einer hohen künstlerischen Qualität. Daneben existieren natürlich auch eine Menge einfache kunstlose, anonym erschienene Illustrationen.

Durch das Hereinholen der Natur in das Bild wird der jahreszeitliche Bezug hergestellt. Chrysanthemen symbolisieren beispielsweise den neunten Monat und den Herbst. Die Hingabe der Frau wird in den wallenden Stoffen, die Gefühle der Liebenden in den Gesichtern und die sexuelle Leidenschaft in der Zurschaustellung der übergroß wiedergegeben Geschlechtsorgane von Mann und Frau symbolisiert.

In Europa wurden sie lange nicht als Kunst anerkannt, da sie, oft in drastischer Darstellung der Geschlechtsteile, sexuelle Handlungen zeigen. Das Geschlecht des Mannes ist ebenso deutlich sichtbar wie die Schamlippen der Frau. Ihr Geschlecht gleicht oft einer aufgeplatzten reifen Frucht.

Auch in Japan waren sie nicht für die Öffentlichkeit gemalt, sondern für einen intimen Moment. Sie waren zur Erbauung oder Anleitung gedacht, deshalb wurden sie oft jung vermählten Paaren zur Hochzeit geschenkt.

Die Alben waren weit verbreitet und hatten durchaus einen praktischen Nutzen. Verschiedene Liebesstellungen an unterschiedlichsten Orten oder unter freiem Himmel werden ebenso thematisiert wie die pikante Situation, dass eine dritte Person dem Liebesakt beiwohnt.

Erzähle deine Geschichte …

Erzählen Sie von kulturellen Besonderheiten, denen Sie auf Reisen begegnet sind. Überraschen Sie nicht nur mit einer ungewöhnlichen Vorliebe, sondern auch mit einem Innenleben.

Meeresrauschen

Susanne war nicht länger imstande, die Augen auf die Shungas zu richten. Zeigte er ihr das, weil er hoffte, dass die Motive sie erregen könnten? Hatte er ein ebenso riesiges Geschlechtsteil, das er in sie stecken wollte? Der letzte Gedanke war zu viel für sie. Sie sprang auf, rannte hinaus, hörte nicht mehr auf das, was er rief. Egal, was er rufen würde, es änderte nichts: er hatte sie tief verletzt.

Ein feiner Nieselregen durchweichte ihren Pullover, bei ihrer Flucht hatte sie ihre Jacke vergessen. Er tropfte ihr ins Gesicht, sie weinte. Die Straßen waren menschenleer, nur ein Mann im Regenmantel, der seinen Hund ausführte, hätte ihre Tränen sehen können, aber er schaute nicht auf, während sie an ihm vorbeihastete. Endlich zu Hause, fror sie entsetzlich, zog die feuchten Kleider aus. Mit einem Handtuch rubbelte sie sich trocken und kuschelte sich in ihren warmen, flauschigen Bademantel. So legte sie sich ins Bett und zog die Decke über sich. Unruhig schlief sie ein.

Die Figuren aus den Shungas fluteten an ihr vorüber. Die Männer trugen kunstvolle Kimonos, lösten – spöttisch grinsend – den Gürtel und zeigten ihre riesigen, wippenden Penisse. Die Kurtisanen spreizten schamlos ihre Beine. Immer wieder wachte Susanne auf, in fiebriger Erregung, nassgeschwitzt, kraftlos, dämmerte wieder ein, entdeckte sich hinter Rollos verborgen als Beobachterin der Liebesszenen in den Bildern. Als sie wieder einmal erwachte, zwang sie sich aufzustehen. Im Bad streifte sie den Bademantel ab, ihre Brustwarzen waren erigiert, ihre Schamlippen geschwollen, sie musste im Schlaf masturbiert haben. Welch schreckliche Vorstellung, sie wollte nicht von solchen Bildern erregt werden, doch ihr Körper sprach eine andere Sprache. Zurück im Bett glitt sie in einen Traum, in dem sie an einem Meeresstrand spazieren ging. Die japanische Fischersfrau kam ihr entgegen, ihr schlanker Körper war unbekleidet, die schwarzen Haare locker im Nacken zusammengebunden, lang und schwer flossen sie ihren Rücken hinunter. Unbefangen lud sie Susanne zum Baden ein. Aber diese blieb am Ufer stehen, während die Fischersfrau schon bis zu den Oberschenkeln im glitzernden Wasser stand. Wellen rollten über den Strand, das tiefblaue Meer lockte. Aber Susanne wollte nicht ins Wasser, sie hatte Angst vor dem Oktopus. Die lachen-

de Fischersfrau kam zurück ans Ufer, entkleidete sie sanft, ergriff ihre Hand und führte sie ins Meer. Das Wasser kräuselte sich, neugierig tauchte der Oktopus auf.
„Hab Vertrauen", flüsterte die Fischersfrau und übergab sie in die Fangarme des Tieres. Trotz ihrer Angst ließ sie es widerstandslos geschehen. Die Arme schlangen sich um ihre Waden, ihre Beine, ihre Taille, ihren Hals, bewahrten sie vor dem Absinken ins dunkelgrüne Dämmerlicht. Schlängelnd glitten Tentakel über ihren Körper. Sie schienen genau zu wissen, wo sie hinwollten, in ihren Körper hinein, sie wussten, was sie dort tun mussten, um sie zum Schwingen zu bringen. Der Krake hörte nicht auf, sie zu liebkosen, trotz ihrer Schocks versetzten sie seine geschmeidigen Bewegungen in einen Rauschzustand, bis sie in seinen Armen Erlösung fand. Erst da ließ er sie los und glitt zurück in die Tiefe. Ohne seinen Halt versank sie in den Wellen.
Erschrocken fuhr sie aus dem Schlaf. Für einen Moment war sie orientierungslos, der salzige Geschmack in ihrem Mund erinnerte sie an den letzten Traum.

Vögeln kommt von vogelen

Warum sagt man vögeln?
Laut der offiziellen Seite der Dudenredaktion entstammt das Wort dem Mittelhochdeutschen: „mittelhochdeutsch vogelen = begatten (vom Vogel); Vögel fangen, althochdeutsch fogalōn = Vögel fangen." Doch Lexikonsprache ist beim Schreiben über Lust weniger gefragt. Suchen Sie sich deshalb eine der drei Begründungen aus und schreiben Sie einen Text dazu, oder erzählen Sie eine eigene Geschichte, wie es dazu kam, den Geschlechtsakt mit Vögeln gleichzusetzen.

1. Die adligen Damen des Mittelalters signalisierten ihren Liebhabern mit ins Fenster gestellten Singvögeln, dass sie allein zu Hause waren. Die Liebhaber durfte dann „zu den Vögeln gehen." Irgendwann wurde daraus *vögeln*.

Jean-Honoré Fragonard

2. Jean-Honoré Fragonard, der Maler knospender Brüste, rosafarbener Haut und lustbetonender Augenblicke, schuf ein Gemälde, auf dem eine junge Frau die Bänder ihrer Bluse löst und einen Vogel freilässt, eine Metapher für die gerade verlorene Unschuld.
3. Vögel singen, um Sex zu haben, daraus leitete sich das Vögeln ab.

Freies Assoziieren erwünscht …

Voyeurismus

In der erotischen Literatur und Kunst werden gern Situationen geschildert, die beobachtet wurden. Der verstohlene Blick durchs Schlüsselloch, durch eine Lücke in der Hecke: Jeder weiß es, das heimliche Beobachten und die Tatsache, dass wir gar nicht dabei sein dürften, kann sehr lustvoll sein. Schon der Klangteppich eines Liebesaktes, der im Nebenraum zelebriert wird, kann ausreichen, die Fantasie zu stimulieren. Umgekehrt versetzt die Gegenwart oder allein schon der Gedanke an fremde Augen und Ohren manche Liebende in eine besondere Art der Erregung.
Schon John Cleland nutzte diesen Trick in *Fanny Hill.* Auch der anonyme Verfasser von *Die wollüstigen Geständnisse einer französischen Modedame* setzte ihn ein. Er funktioniert auf den japanischen Shungas genauso wie in der europäischen Aktmalerei. Einer beobachtet, was nicht für seine Augen bestimmt ist: das Liebesspiel, die Selbstbefriedigung, den Aufenthalt im Bad. All diese intimen Momente einer erotischen Handlung, bei denen sich Menschen ohne Zeugen wähnen, regen unmittelbar an. Aus einer Beobachtung kann eine Szene, eine Geschichte oder sogar ein Roman über eine außergewöhnliche erotische Obsession entstehen.

Entspann dich und schreibe los …

Beginne deine Geschichte mit dem Satz aus den *Wollüstigen Geständnissen einer französischen Modedame*:
Alles, was ich jetzt erzähle, habe ich selbst beobachtet (gehört) …

Diese Übung kann nicht nur für das Schreiben, sondern wunderbar für das eigene Liebesleben genutzt werden. Sorgen Sie für eine angenehme Umgebung, legen Sie sich zu Ihrem Liebsten/Ihrer Liebsten und beginnen Sie, ihm/ihr eine Geschichte zu erzählen, die Sie erregt. So verraten Sie ihm/ihr auf sehr charmante Weise, was Sie gern erleben möchten.

Venus, ein Bildimpuls

Botticelli, Geburt der Venus, Detail, ca. 1485

Lucas Cranach, d. Ä. Venus 1532

Amedeo Modigliani, Venus, 1917

Venus, die Göttin der Liebe, der Begierde, der Sinneslust und der Schönheit, gilt als die schönste Frau und diente zahlreichen Künstlern als Vorlage, den weiblichen Körper dazustellen. Der Renaissance-Maler Sandro Botticelli setzte sie in der *Geburt der Venus* (1485) in Szene, ebenso wie Lucas Cranach in *Venus* (1532) und Amedeo Modigliani (1917). Seine Venus heißt aber auch *Stehender Akt*. Denn die Zeiten, in denen Künstler einen mythologischen Vorwand benötigten, um die Frau nackt zu malen, sind vorbei.
Die Vorstellung, wie die Göttin der Liebe aussieht, hat sich in Abhängigkeit vom Schönheitsbegriff der jeweiligen Zeit stark gewandelt. Schon bei Eros, dem Gott der begehrlichen Liebe, hatte ich gezeigt, wie sich eine Veränderung in der Wahrnehmung vollzogen hat. Nun wiederhole ich die dort gestellte Aufgabe: Wie sieht Venus heute aus? Wie sieht sie für Sie aus?

Wundermittel gegen Sex- und Schreibstress

John Steinbeck, einer der erfolgreichsten US-amerikanischen Autoren des 20. Jahrhunderts, hat gesagt: „And now that you don't have to be perfect, you can be good." (aus *East of Eden*) Das sollte man berücksichtigen, sowohl für das Schreiben als auch beim Sex. Sonst landet man schnell in der Hölle der Frustration oder der Blockade. Übersteigerte Erwartungen und das Starren auf die Erfolge der anderen blockieren das eigene Handeln. Entspannen Sie sich. Suchen Sie nicht ständig nach dem nächsten Highlight im Bett, genießen Sie Ihre Sexualität. So wird sie automatisch immer lustvoller. Guter Sex heißt nicht, das zu erleben, was in Pornos gezeigt wird. Damit wiederholen Sie nur vorgefertigte Fantasien. Lassen Sie sich anregen, aber imitieren Sie nicht, vor allem nicht, wenn Sie sich dabei unwohl fühlen.

Es muss nicht immer die große Seelenvereinigung sein oder der wildeste Ritt. An vielen Tagen genügt es auch einfach, Intimität mit dem Partner zu genießen, Nähe herzustellen, Streicheleinheiten zu verteilen, sich zu massieren. Routine ist nichts Schlechtes und hat nichts damit zu tun, ein Routinier zu werden. Solange Sie Ihre Neugier, Ihre Bereitschaft zum Risiko und zum Lernen erhalten, besteht da keine Gefahr.

Ihr Sexleben und Ihr Schreiben werden entspannter, je öfter Sie es tun. Sie verlieren nämlich Ihre Angst. Beginnen Sie einfach, lassen Sie sich darauf ein, auch wenn Sie zunächst noch keine Lust verspüren, meist entwickelt sich doch noch etwas. Die Erfahrung zeigt, dass es gut ist, dabeizubleiben, zu sehen, wohin es führt. Je länger Unterbrechungen dauern, desto schwieriger ist es, sich wieder hineinzufühlen, egal ob es sich dabei um Ihren Text oder um Intimität handelt.

Wenn Sie sich beim Schreiben unwohl fühlen, weil es stockt und nicht (mehr) leicht von der Hand geht, versuchen Sie mit Sex Ihre Blockade zu lockern. Die amerikanische Feministin und Autorin Naomi Wolf schwört darauf. In Ihrem Buch *Vagina: Eine Geschichte der Weiblichkeit* erläutert sie den Zusammenhang der weiblichen Sexualität und der Kreativität. Vor allem Frauen hätten nach

gutem Sex einen unglaublichen Drang, kreativ zu sein, und trauten sich zu, großartige Werke zu schaffen.
Doch letztendlich hilft nur eines: Schreiben. Schreiben. Schreiben. Am besten täglich. Damit verliert das Schreiben seinen einschüchternden Glorienschein. Indem man eine Postkarte, ein kleines Gedicht oder einen Eintrag ins Tagebuch verfasst, ohne auf das Ergebnis zu schielen, ohne auf Grammatik und Rechtschreibung zu achten, schreibt man sich frei. Mit diesen kurzen Schreibmomenten verschafft man sich positive Schreiberlebnisse.
Sie müssen auch nicht jeden Tag Neues ausprobieren oder kreativ sein. Falls Sie das Gefühl haben, heute geht nichts, dann nehmen Sie sich das bereits Geschriebene vor, lesen Sie es aufmerksam, klopfen Sie es auf Widersprüche, Klischees oder Langeweile ab, überarbeiten Sie es. Suchen Sie die gelungenen Stellen heraus und genießen Sie diese. Es gibt keinen Grund, Schreibzeiten nicht einzuhalten, nur weil es sich am Anfang zäh anfühlt. Genauso wenig gibt es einen Grund, Verabredungen mit seinem Partner oder mit sich und dem eigenen Körper nicht einzuhalten.

Wer – Was – Wann – Wo – Wie – Warum

H&M Werbung in Stuttgart 2012

Warum posieren Wahnsinnsfrauen im Winter in knappen, verführerischen Dessous, auf Plakaten Wind und Wetter ausgesetzt, so-

dass man ihnen am liebsten einen Wintermantel anbieten würde, damit sie ihre weißen Schultern bedecken und sich wärmen? Steht auf dem Wunschzettel der Männer, dass sie sich wonnige und willige Weiber wünschen, die sich in verführerischer Wäsche unterm Weihnachtsbaum winden?
Womit wir mittendrin sind, ich habe im ersten Absatz viele W-Wörter untergebracht und gleichzeitig eine W-Frage gestellt.
In der Schule hat man gelernt, dass man zum Verständnis eines Textes die klassischen W-Fragen stellt: Wer? Was? Wann? Wo? Wie? Warum?
Der Text müsse diese Fragen beantworten. Mit dieser Methode kann man natürlich auch seinen eigenen Text prüfen.

Wer?

Wir lesen einen Roman, weil wir Menschen kennenlernen möchten. Diese Personen, gerade auch in der erotischen Szene, sollten nicht perfekt sein. Ein Mensch, dessen Körper nach dem gängigen Schönheitsideal makellos geformt ist, langweilt, wenn es ihm an Individualität fehlt. Es sei denn, diese Schönheit bestimmt sein Leben.
Leser lieben das Außergewöhnliche mehr als das Gewöhnliche. Die fiktionale Figur muss von allem mehr haben als der reale Mensch. Ist sie mit einer außergewöhnlichen Begabung ausgestattet, sollte sie in anderen Gebieten Defizite haben. Alles, was sie an Eigenschaften besitzt, was sie fühlt, wie sie handelt, muss extremer sein. So besprochen unter dem Stichpunkt *Julia, eine biografische Figur*. Wie die Sprache die Figur charakterisiert, finden Sie unter *Dirty Talk*. Im Kapitel *Fetisch* ist aufgezeigt, wie ein solcher geeignet sein kann, der Figur eine Leidenschaft zu geben, die über das normale Maß hinausgeht.

Was?

Jede Handlung resultiert aus dem Charakter der Personen und setzt sich aus vielen Ereignissen zusammen. Das Ereignis, das die Geschichte in Gang setzt, ist von Bedeutung und wunderbar geeignet für eine erotische Szene. Damit sie uns interessiert, sollte es nicht ohne Konflikte abgehen. Die Schreibaufgabe *Drei Worte,* um eine

erotische Geschichte zu schreiben, regt dazu an, den Figuren nicht zu geben, was sie sich sehnlichst wünschen, und in *Popeye oder der erotische Comic* erfahren Sie, wie der Comic von Missgeschicken lebt. Im Beitrag *Fesseln* finden Sie den Trick der Vorahnung, in *One-Night-Stand* geht es darum, wie eine Sexszene genutzt werden kann, um etwas über den Stand der Beziehung auszusagen. Generell gilt einfach die Devise: Seien Sie neugierig. Etwas über fremde Fantasien zu erfahren, ist aufregend. In der Erotik öffnet dies meist Tore in eine neue Welt. Fangen Sie bei Ihrem Partner an, fragen Sie ihn: Was erregt dich? An was denkst du, wenn du dich selbst befriedigst? Zeige es mir. Wovon träumst du?
Offen über die Wünsche und Vorstellungen zu reden, ist sicher ein guter Anfang, nicht nur fürs Schreiben, auch für ein gutes Sexleben.

Wann?

Was wir mit Erotik assoziieren, welche Umstände wir berücksichtigen sollten, ist abhängig von der Zeit. Gerade in der Sexszene kann man die Moral, das Verhältnis der Geschlechter zueinander und die gesellschaftlichen Umstände erkennen.
Bei einer in der Gegenwart spielenden Geschichte habe ich viele Möglichkeiten in der Direktheit und den Termini, die ich nicht habe, wenn ich einen historischen Stoff bearbeite oder die Geschichte in den 60er Jahren spielt. Wichtige gesellschaftliche Veränderungen haben Auswirkungen auf das Sexleben, was wiederum viel über die Gesellschaft aussagt. In den 50ern war man prüde. Der *Coitus interruptus* war eine gängige Verhütungsmethode, wurde man schwanger, musste man heiraten. Es gab den sogenannten Kuppelparagrafen, und das Versandhaus *Beate Uhse* wurde 1951 gegründet. Die Antibabypille gibt es seit 1960. Die sexuelle Revolution wollte gesellschaftliche Veränderung durch sexuelle Freiheit bewirken. In den 1970ern eroberten sich die Frauen ihren Körper zurück. Frauen aus der Frauenbewegung wurden aus politischen Gründen lesbisch. Aids wurde 1981 als eigenständige Krankheit erkannt und die Angst kehrte ins Sexleben zurück. Die Selbstliebe hingegen wurde von der Scham und dem Verbot befreit. Sexualität verändert sich durch solche einschneidenden

Umbrüche, aber auch durch die Mode. Schätzungsweise die Hälfte der jüngeren Menschen sind heute rasiert, benutzen Sextoys, tragen Piercings oder haben ein Tattoo. Paare lernen sich im Internet kennen, flirten per SMS. Die Wann-Frage lässt sich also auch durch die erotische Szene beantworten.

Wo?

Die erotische Stimmung ist eng mit dem Ort verknüpft. Der Schauplatz, den der Autor wählt, gewährt uns Zugang zu unseren eigenen Fantasien. Wir genießen nicht nur das Gefühl, an etwas Lustvollem teilzuhaben, sondern erkennen auch vertraute Schauplätze. Wichtig für die erotische Stimmung ist also auch die Charakterisierung des Raumes, in dem die Szene spielt. Probieren Sie es aus. Bei der Beschreibung eines orientalischen Sklavenmarkts öffnet sich ein anderer Assoziationsraum als bei der einer Rückbank in einem VW-Käfer. Das Erotische des Ortes erregt unser sexuelles Interesse genauso wie die Intimitäten oder Sex-Accessoires. Die Requisiten des Raumes, die Details verraten etwa die Herkunft der Akteure und sollten nicht verschenkt werden.
„Vergiss nicht, den Ort zu beschreiben, an dem Erotik entsteht", lautet die Forderung unter dem Stichpunkt *Inseln und andere Orte der Fantasie*, der sich ebenfalls mit der Frage nach dem Wo beschäftigt.

Wie?

Nehmen Sie ruhig mal zwei Puppen zur Hand, um zu prüfen, ob die wilde Szene, die Sie sich gerade ausgedacht haben, anatomisch überhaupt möglich ist. Wenn sich die Wie-Frage eher auf den Aufbau der Szene bezieht, dann lesen Sie noch einmal beim *Orgasmus, der Höhepunkt der (sexuellen) Lust?* nach, wie sich eine Szene aufbauen lässt.

Warum?

Im Zeitalter von Internet und dem exhibitionistischen Verhalten vieler Menschen in Talk-Shows und Reality-Dokus ist sexuelle Offenheit erreicht. Nur darum kann es in einer erotischen Szene nicht gehen, darüber sind sich Schriftsteller einig. Maxim Biller wurde in

einem Interview gefragt: „Wie geht denn, bitte, guter Sex in der Literatur?“ Seine Antwort: „Er muss wirklich wichtig für die Handlung sein, es muss einen Grund dafür geben.“
Eine erotische Szene kann die Handlung voranbringen, sagt etwas über den Charakter der Figuren aus, über den Konflikt, den sie miteinander haben, denn die Sexualität berührt den Kern des Menschen. Man kann sie nutzen, um die Zeit, den Ort und die gesellschaftlichen Werte zu zeigen, in denen die Geschichte spielt. Und natürlich viel über die Personen aussagen, die darin involviert sind. Darüber hinaus machen sie ziemlich viel Spaß, sowohl beim Schreiben als auch dem Leser.
Schreiben Sie Genre-Literatur, ist die Warum-Frage schon beantwortet, der Leser möchte erregt werden. Da ist das Wer weniger wichtig, relevanter sind die Fragen: Wohin? Wie oft? Wie viele? Wie groß?

X- und Y-Chromosom, (k)ein Unterschied beim Schreiben?

Begehren wir unterschiedlich, weil wir uns im X- und Y-Chromosom unterscheiden, oder sind es doch nur Geschlechter-Klischees, die unsere Vorstellungen vom Weiblichen und Männlichen prägen? Das Gehirn tickt gleich, egal ob X oder Y, so die neusten Erkenntnisse der Forschung. Der Körper, der sichtbare Teil, ist es definitiv nicht. Die Biologie formt die unterschiedlichen Geschlechtsmerkmale, ob wir mehr Muskelmasse haben, eine Glatze bekommen oder eine Gebärmutter. Doch formt sie auch unser Verlangen, oder ist das durch die Kultur geprägt, in der wir leben? Seit Jahrhunderten beherrscht eine männliche heterosexuelle Sichtweise die Kultur der Erotik, erst seit dem 20. Jahrhundert kommt verstärkt eine weibliche dazu. Erst seit Forscher in ihren Studien die Frauen mit einbeziehen, weiß man, dass Frauen nicht nur zärtliche Küsse mögen, sondern durchaus auch von zwei Männern träumen, von einer härteren Gangart erregt werden, dominieren oder das eigene Geschlecht küssen wollen. Auch sie erfreuen sich an einem knackigen

Hintern, gepflegten Händen oder Brusthaaren. Frauen äußern sich verstärkt in der bildenden Kunst, in Büchern und Filmen und verändern so Sichtweisen. Das Bedürfnis nach sexuellen authentischen Bildern von Frauen, in denen sie nicht nur Sexobjekt sind, ist groß. Autoren von erotischer Literatur haben sich gern als Frauen ausgegeben, entlarven sich aber dadurch, dass die erotischen Szenen aus eindeutig männlicher Perspektive geschildert werden. So auch bei dem Roman *Fanny Hill*, dessen Untertitel anderes suggerieren will. Im englischen Original hat er den Untertitel *Memoirs of a Woman of Pleasure*, wurde aber von John Cleland Mitte des 18. Jahrhunderts in London geschrieben. Beim Lesen spürt man den männlichen Blick auf den Körper der Frau und seinen Stolz auf die Manneskraft, also sein maskulines Selbstbild.
Dr. Christine Lehmann, Krimiautorin und Mitglied in der Jury des Förderkreis deutscher Schriftsteller, sagt, dass sie, obwohl die Texte anonymisiert kommen, trotzdem erkennen würde, ob ein Text von einer Frau oder einem Mann geschrieben worden ist:[38] „Man erkennt es übrigens nicht daran, ob der Protagonist männlich oder weiblich ist, denn ebenso wie Männer lieben auch Frauen den männlichen Protagonisten, gern auch in Ich-Form. Sie schicken ihn dann nur auf eine andere Reise, eine, in der er was lernen muss. (…) Texte von Männern erkennt man absolut zuverlässig an der Art, wie sie die Frauen auftreten lassen: Als rätselhaft verführerischer Teil eines Interieurs, als Objekt mit erotischen Signalen."
Das Training zum erotischen Schreiben hat sich hauptsächlich mit der Mischung XX+XY beschäftigt, aber es gibt natürlich weitere reizvolle Konstellationen wie XX + XX oder XY + XY. Das Handwerk bleibt dasselbe, gleichgültig für welche Zielgruppe Sie schreiben.

Freies Assoziieren erwünscht …

Stellen Sie sich vor, Sie hätten ein anderes Geschlecht, dafür brauchen Sie Einfühlungsvermögen und Fantasie. Beschreiben Sie als Ich-Erzähler eine Szene einmal als Mann und einmal als Frau. Nehmen Sie sich Zeit, denn das geht nicht so ohne Weiteres. Wenn Sie sich auf diesen Rollentausch einlassen, wird Ihnen das eine oder andere Vertraute plötzlich neu und in einem ganz anderen Licht erscheinen.

Falls es Ihnen schwerfällt, fangen Sie mit einem *Abecedarium* zu Frauenbildern – Männerbildern an.
A wie Amme, B wie Barbie … A wie Adonis, B wie Bart …

A ____________________
B ____________________
C ____________________
D ____________________
E ____________________
F ____________________
G ____________________
H ____________________
I ____________________
J ____________________
K ____________________
L ____________________
M ____________________
N ____________________
O ____________________
P ____________________
Q ____________________
R ____________________
S ____________________
T ____________________
U ____________________
V ____________________
W ____________________
X ____________________
Y ____________________
Z ____________________

Unseren Hormoneinfluss können wir nicht ändern, doch wenn es stimmt, dass unsere Vorstellungen hauptsächlich von der Kultur, in der wir leben, geformt werden, können wir ein paar Experimente wagen. Tragen Sie für einen Tag die Kleidungsstücke des anderen Geschlechts. Gehen Sie hinaus, dies ist sicher eine spannende Erfahrung. Schreiben Sie sie direkt im Anschluss auf.

Zeit fürs Schreiben, ein Abschied und ein Beginn

Jetzt bin ich beim Z angekommen, dem letzten Buchstaben im sinnlichen *Abecedarium*. Z wie Zärtlichkeit, wie Zartbitter, wie Zuckerwatte, wie Zeit.
Wir haben viel Zeit miteinander verbracht, um zwei große Kulturleistungen zusammenzubringen, die Kunst des Schreibens und die Kunst des ekstatischen Seins.
Sie kennen nun die verschiedensten Schreibtechniken aus dem Kreativen Schreiben, das Free-Writing, das Schreiben zu einem Anfangssatz, zu einem Bildimpuls, zu vorgegebenen Wörtern.
Wir haben auch eine Menge Regeln kennengelernt. Nicht nur im Kapitel *Spiel … Regeln*, in dem Sie auch gleichzeitig die Erlaubnis bekamen, die Regeln zu brechen, wenn Ihnen klar ist, warum Sie das tun. Gerade hier finde ich die Parallele zwischen gutem Sex und gutem Schreiben offensichtlich: War es nicht viel aufregender, ein Verbot zu überschreiten, Neues zu wagen, als immer dieselben Wege langzugehen? Nicht nur literarische Texte leben von der Regelüberschreitung und vom eigenen Duktus, auch geiler Sex. Also setzen Sie sich hin, benutzen Sie alle Sinneskanäle, um Emotionen zu wecken, und schreiben Ihre Geschichten. Und nicht vergessen: Nutzen Sie das erotische Potential in Ihnen, um Ihre Kreativität immer wieder neu zu befeuern.
Befördern Sie mit Ihrer individuellen Fantasie die Sinnlichkeit und Wildheit im Leser.
Nehmen Sie es als Kompliment, wenn Frauen und Männer beim Lesen Ihrer Texte erregt werden und angeregt werden, sich gegenseitig zu erkennen.
Ich hoffe, dass Sie dran bleiben werden. Wer Intimität und das Schreiben als einen wichtigen Punkt auf der Agenda hat, der steuert mit großer Wahrscheinlichkeit in eine glückliche Beziehung und auf eine Veröffentlichung zu.

Am Ende unserer gemeinsam verbrachten Zeit möchte ich mich bei Ihnen bedanken und mich mit einem Gedanken zur Lust verabschieden. Lust ist in jedem Sinne ein Teil des Menschseins. Wir sind zutiefst sexuelle, sinnliche, lustbetonte Wesen. Dies schreibend auszudrücken, macht uns, mich, Sie, zu dem, was wir sind.

Seien Sie herzlich gegrüßt
Ines Witka

Literaturverzeichnis

Allende, I. (1998) Eine Feier der Sinne. Frankfurt am Main: Suhrkamp Verlag

Ackermann, D. (2002) Die schöne Welt der Sinne. Hamburg: Europa Verlag

Benedict, E. (2002) Erotik schreiben. Berlin: Autorenhaus Verlag

Camus, A. Hochzeit des Lichts; Essay: Das Rätsel Hamburg: Arche Literatur Verlag DVA, Hrsg. (2011) Zehn Gebote des Schreibens. München: Deutsche Verlags-Anstalt

Fagioli, M. (1998) Shunga: Meisterwerke erotischer Kunst aus Japan. Tübingen: Ernst Wasmuth Verlag

Frey, J. N. (2002) Wie man einen verdammt guten Roman schreibt. Köln: Emons

Garoutte, C. (Neuausgabe 2015) Matter of Trust/Sache des Vertrauens. Tübingen: konkursbuch Verlag Claudia Gehrke

Gehrke, C. Hrsg. Mein Heimliches Auge (Mein Lesbisches Auge, Mein Schwules Auge). Die Jahrbücher der Erotik, Tübingen: konkursbuch Verlag Claudia Gehrke

Gehrke, C. und Nössler, R. Hrsg. (2006) Konkursbuch 44 Schreiben, Tübingen: konkursbuch Verlag Claudia Gehrke

Gehrke, C. Erotische Kulturen von Frauen. (E-Book, 2012)

George, E. (2004) Wort für Wort oder Die Kunst, ein gutes Buch zu schreiben. München: Goldmann

Goldberg, N. (2009) Schreiben in Cafés, Berlin: Autorenhaus Verlag

Hill, Ch. und **Wallace**, W. (2008) Erotikon – Erotische Kunst und Literatur aus aller Welt. Köln: Evergreen GmbH

Liebling & Schatz (2013) Höchste Paarungszeit: Erotisches für Eltern im Alltagschaos. Südwest Verlag

Liessmann, K. P. (2006) Blutsverwandtschaft – Über Kunst und Erotik. In EROS in der Kunst der Modernen, Ostfildern: Hatje Cantz Verlag

Lacroix, A. (2013) Kleiner Versuch über das Küssen. Berlin: Matthes & Seitz

Márquez, G. G. (2004) Die Liebe in den Zeiten der Cholera. Frankfurt am Main: Fischer Taschenbuch

Oates, J. C. (2006) Beim Schreiben allein. Handwerk und Kunst. Berlin: Autorenhaus

Ortheil, H. (2008) Wie Romane entstehen (1). In Ortheil & Silblewski, Wie Romane entstehen. München: Sammlung Luchterhand, S. 11-148

Ortheil, H. (2005) Der Studiengang Kreatives Schreiben und Kulturjournalismus an der Universität Hildesheim. In: Ermert, K., Kutzmutz, O. (Hrsg.) Wie aufs Blatt kommt, was im Kopf steckt. Über Kreatives Schreiben Band 15, Wolfenbütteler Akademie-Texte, S. 61-75

Rico, G. L. (1984) Garantiert Schreiben lernen. Reinbek bei Hamburg: Rowohlt

Sacher-Masoch, L. mit einer Studie von Gilles Deleuze (1980). Venus im Pelz. Frankfurt am Main: insel taschenbuch.

Steele, V. (1999) Schuhe. Köln: DuMont

Schnitzler, A. (2001) Traumnovelle. Frankfurt am Main: Fischer Taschenbuchverlag

Stein, S. (2005) Über das Schreiben. Frankfurt am Main: Zweitausendeins

Schweikle, G. & Schweikle, I. Hrsg. (1990) Metzler Literatur Lexikon – Begriffe und Definitionen. Stuttgart: J. B. Metzlersche Verlagsbuchhandlung

Taenzer, B. Hrsg. (2015) Lange lieben: Gespräche Tübingen: konkursbuch Verlag Claudia Gehrke

Wolf, N. (2013) Vagina: Eine Geschichte der Weiblichkeit, Reinbek bei Hamburg: Rowohlt Verlag

Wu, Ch.-Ch. (2013), Vis-á-Vis, Vevais: über konkursbuch Verlag

Internetadressen und Einzelnachweise:

1 www.agentprovocateur.com
2 www.lola-shop.de/index.html
3 www.sexclusivitaeten.de/
4 de.wikipedia.org/wiki/Blumensprache
5 www.deutsche-liebeslyrik.de/lied/lied.htm
6 www.literaryreview.co.uk/badsex.html
7 de.wikipedia.org/wiki/Bad_Sex_in_Fiction_Award
8 www.youtube.com/watch?v=z3W6NcHtWIQ
9 www.brooklynmuseum.org/eascfa/dinner_party/place_settings/emily_dickinson.php
10 www.greatwallofvagina.co.uk/home
11 Andrea De Carlo in DVA, Hrsg. (2011). *Zehn Gebote des Schreibens*. München: Deutsche Verlags-Anstalt. S. 21
12 www.xklusiv.de/nacht-der-leidenschaft/
13 www.xklusiv.de/nacht-der-masken/
14 de.wikipedia.org/wiki/Eros_(Mythologie)
15 kurzgeschichten.joyclub.de/forum/
16 www.schattenzeilen.de/
17 de.lelo.com/index.php?collectionName=femme-homme&groupName=IRIS&page=0#
18 www.funfactory.com/tags/7#!url=/product_codes/24036&.
19 Goldberg, N. (2009). *Schreiben in Cafés*, Berlin: Autorenhaus Verlag.
20 www.welt.de/kultur/article1932216/Brecht-Gernhardt-amp-Co-Liederlich-luesterne-Lyrik.html
21 einestages.spiegel.de/static/topicalbumbackground/24264/schampusbad_im_suendentempel.html
22 www.schlagzeilen.com/de/shop/470/470-004/petite+joujoux+gloria.htm
23 www.german-fetish-ball.de/
24 www.wave-gotik-treffen.de/programm.php
25 Ausstellung 2012/13 in Wien: Nackte Männer von 1800 bis heute; Ausstellung 2012/13 in Linz: *Der nackte Mann* http://www.lentos.at/html/de/84.aspx; Ausstellung 2013/14 in Paris: Masculin / Masculin. L'homme nu dans l'art de 1800 à nos jours.
26 Zitiert nach de.wikipedia.org/wiki/Bettina_Rheims#cite_note-2,
27 de.wikipedia.org/w/index.php?title=Datei:Franz_von_Stuck_-_Die_S%C3%BCnde_1893. jpg&filetimestamp=20080206163658
28 Frey, J. N. (2002). *Wie man einen verdammt guten Roman schreibt*. Köln: EMONS. Seite 17
29 Benedict, E. (2002). *Erotik schreiben*. Berlin: Autorenhaus Verlag. S. 114
30 www.museum-frieder-burda.de/2012.910.0.html
31 Ulrike Draesner in DVA, Hrsg. (2011). *Zehn Gebote des Schreibens*. München: Deutsche Verlags-Anstalt. S.28
32 www.youtube.com/watch?v=RdirF2HvuNw
33 www.zephappybooks.com/happysex/preview_english.php?page=1
34 Zit. nach: Hans-Jürgen Schmitt (Hrsg.): Die deutsche Literatur in Text und Darstellung. Romantik I, Stuttgart 1974, Reclam, S. 57)
35 de.wikipedia.org/wiki/Remota
36 George, E. (2004). *Wort für Wort oder Die Kunst, ein gutes Buch zu schreiben*. München: Goldmann. S. 164
37 Stein, S. (2005). *Über das Schreiben*. Frankfurt am Main: Zweitausendeins. S. 167
38 christine-lehmann.blogspot.de/2012/12/der-literaturpreis-ist-maennlich-die.html

Abbildungsnachweise

S. 18: Bana Banana, Pressefoto; S. 24: Georgia O'Keeffe; S. 26: Tempelskulpturen, Indien; S. 92: Petits Joujoux; S. 96: Jaap de Jonge (aus Mein heimliches Auge XXIX); S. 110: Helga Ginevra (aus Mein heimliches Auge III); S.111: Museum Frieder Burda, Pressefotos; S. 139: Michael Elwert, me3fotografie, S. 163: Colleen Coover (aus Small Favors Bd. 1); S. 202 Deutsch Magazin, Printwerbung, http://de.coloribus.com/werbearchiv/printwerbung/deutsch-magazine-bed-10633555/; S. 218: http://www.welt.de/kultur/article1280027/Jean-Honore-Fragonard.html Foto: Musee © Photo Jean-Jacques L'Héritier;
S. 13, 28, 35, 50, 72, 126, 157, 191, 225: Ines Witka.
Computer desk © samsonovs, Fotolia.com
sex shop icons © nikiteev, Fotolia.com
Silhouette of the girl © Oleksandr Rozhkov, Fotolia.com
Silver fountain pen © Sky Masterson, Fotolia.com

Gemälde:
Titel: Ausschnitt aus „Lucas Cranach d. Ä. 071" von Lucas Cranach der Ältere – The Yorck Project: 10.000 Meisterwerke der Malerei. DVD-ROM, 2002. ISBN 3936122202. Distributed by DIRECTMEDIA Publishing GmbH.. Lizenziert unter Public domain über Wikimedia Commons – http://commons.wikimedia.org/wiki/File:Lucas_Cranach_d._%C3%84._071.jpg#mediaviewer/File:Lucas_Cranach_d._%C3%84._071.jpg /
S. 23 »Proserpine« von Dante Gabriel Rossetti – University of Alberta personal site and The Rossetti Archive. Lizenziert unter Public domain über Wikimedia Commons http://commons.wikimedia.org/wiki/File:Dante_Gabriel_Rossetti_-_Proserpine.JPG#mediaviewer/File:Dante_Gabriel_Rossetti_-_Proserpine.JPG
S. 54 Peter Paul Rubens [Public domain], via Wikimedia Commons »Eros bobbin Louvre CA1798« von English: Painter of London D 12 – User: Jastrow, own work, 2008-03-15. Lizenziert unter Public domain über Wikimedia Commons – http://commons.wikimedia.org/wiki/File:Eros_bobbin_Louvre_CA1798.jpg#mediaviewer/File:Eros_bobbin_Louvre_CA1798.jpg
S: 54 »Kraków – Rynek – Eros bendato 01« by Lestat (Jan Mehlich) – Own work. Licensed under Creative Commons Attribution-Share Alike 3.0 via Wikimedia Commons - http://commons.wikimedia.org/wiki/File:Krak%C3%B3w_-_Rynek_-_Eros_bendato_01.JPG#mediaviewer/File:Krak%C3%B3w_-_Rynek_-_Eros_bendato_01.JPG
S. 81 »Le Bain Turc, by Jean Auguste Dominique Ingres, from C2RMF retouched« von Jean-Auguste-Dominique Ingres - C2RMF: Galerie de tableaux en très haute définition: image page. Lizenziert unter Public domain über Wikimedia Commons – http://commons.wikimedia.org/wiki/File: Le_Bain_Turc,_by_Jean_Auguste_Dominique_Ingres,_from_C2RMF_retouched.jpg#mediaviewer/File:Le_Bain_Turc,_by_Jean_Auguste_Dominique_Ingres,_from_C2RMF_retouched.jpg
S. 114 »Jean-Léon Gérôme – El rey Candaules von Jean-Léon Gérôme« – [1]. Lizenziert unter Public domain über Wikimedia Commons – http://commons.wikimedia.org/wiki/File:Jean-L%C3%A9on_G%C3%A9r%C3%B4me_-_El_rey_Candaules.jpg#mediaviewer/File:Jean-L%C3%A9on_G%C3%A9r%C3%B4me_-_El_rey_Candaules.jpg
S. 166 »Kamasutra« Illustration, vermutl. 19. Jhdt. von Unbekannt - http://www.all-art.org/. Lizenziert unter Public domain über Wikimedia Commons - http://commons.wikimedia.org/wiki/File:Kamasutra5.jpg#mediaviewer/File:Kamasutra5.jpg
S. 198 »Die Schaukel« von Jean-Honoré Fragonard - wartburg.edu. Lizenziert unter Public domain über Wikimedia Commons - http://commons.wikimedia.org/wiki/File:Fragonard,_The_Swing.jpg#mediaviewer/File:Fragonard,_The_Swing.jpg
S. 202 „Mädchen mit Hund" von Jean-Honoré Fragonard – The Yorck Project: 10.000 Meisterwerke der Malerei. DVD-ROM, 2002. ISBN 3936122202. Distributed by DIRECTMEDIA Publishing GmbH. Lizenziert unter Public domain über Wikimedia Commons – http://commons.wikimedia.org/wiki/File:Jean-Honor%C3%A9_Fragonard_019.jpg#mediaviewer/File:Jean-Honor%C3%A9_Fragonard_019.jpg
S. 211 „Dream of the fishermans wife hokusai" von Katsushika Hokusai http://www.rotten.com/library/sex/rape/tentacle-rape/. Lizenziert unter Public domain über Wikimedia Commons – http://commons.wikimedia.org/wiki/File:Dream_of_the_fishermans_wife_hokusai.jpg#mediaviewer/File:Dream_of_the_fishermans_wife_hokusai.jpg
S. 218 Japanischer Holzschnitt von Kōno Bairei (1844 – 1895)
S. 222 Venus Vergleich „Lucas Cranach d. Ä. 071" von Lucas Cranach der Ältere - The Yorck Project: 10.000 Meisterwerke der Malerei. DVD-ROM, 2002. ISBN 3936122202. Distributed by DIRECTMEDIA Publishing GmbH.. Lizenziert unter Public domain über Wikimedia Commons - http://commons.wikimedia.org/wiki/File:Lucas_Cranach_d._%C3%84._071.jpg#mediaviewer/File:Lucas_Cranach_d._%C3%84._071.jpg / „Birth of Venus detail" von Sandro Botticelli - Web Gallery of Art: Image Info about artwork. Lizenziert unter Public domain über Wikimedia Commons - http://commons.wikimedia.org/wiki/File:Birth_of_Venus_detail.jpg#mediaviewer/File:Birth_of_Venus_detail.jpg / http://www.wikiart.org/en/amedeo-modigliani/venus-standing-nude-1917

Impressum

© konkursbuch Verlag Claudia Gehrke 2015
PF 1621, D – 72006 Tübingen
office@konkursbuch.com
Telefon: 0049 (0) 7071 66551 / +78779
Mobil: 0049 (0) 172 7233958
www.konkursbuch.com
www.facebook.com/konkursbuch.verlag
http://blog.konkursbuch.com/
Gerne schicken wir Ihnen auch unser gedrucktes Gesamtverzeichnis.

Gestaltung: Ines Witka & Verlag

ISBN: 978-3-88769-667-2
ISBN E-Book: 978-3-88769-670-2